Christiane Emma Prolic

Emmi KOCHT EINFACH

Christiane Emma Prolic

Emmi kocht einfach

75 vegetarische Rezepte

riva

Inhaltsverzeichnis

99 Pfannengerichte

127 Pizza, Pasta, Reis und Co.

FOR YOU

Hallo,

ich bin's, Emmi.

Meinen Foodblog *www.emmikochteinfach.de* betreibe ich seit vielen Jahren mit großer Leidenschaft und unterstütze mit meinen Rezepten bereits Millionen von Menschen im Kochalltag. Menschen, die einen turbulenten Alltag meistern und für die obendrein täglich die Frage im Raum steht: »Was soll ich heute bloß kochen?« Darauf gebe ich ihnen mit meinen unkomplizierten, gelingsicheren Rezepten eine Antwort und freue mich, sie beim Kochen zu inspirieren.

In meinem dritten Buch widme ich mich der Veggie-Küche, obwohl ich gar keine Vegetarierin bin und nach wie vor gerne Fleisch esse. Dennoch gewinnen vegetarische Rezepte in meiner Essensplanung immer mehr an Bedeutung. Einfach, weil ich der Ansicht bin, dass die Zeit der Sonntagsbraten gar nicht verkehrt war. Damals, als Fleisch und Fisch etwas Seltenes und Besonderes waren. Ich selbst gehe seit vielen Jahren achtsamer und bewusster mit meinem Fleischkonsum und dem meiner Familie um, ganz nach dem Motto »weniger, aber hochwertiger«. Denn weniger Fleisch oder Fisch zu essen, bringt für Menschen, Tiere und Umwelt sehr große Vorteile mit sich. Die Veggie-Days – also die Tage, an denen es weder Fleisch noch Fisch gibt – haben deshalb in meiner Küche schon lange einen festen Platz.

Wenn auch du mehr vegetarische Gerichte in deine Essensplanung integrieren möchtest, findest du in diesem Buch schnörkellose Rezepte für jeden Tag und jeden Anlass. Alle mit überschaubaren Zutaten, die du in jedem Supermarkt oder Discounter bekommen kannst, und selbstverständlich mehrfach erprobt, damit sie garantiert gelingen.

Dieses Buch enthält eine große Auswahl beliebter Veggie-Rezepte von meinem Foodblog, aber auch sehr viele neue Kreationen. Abwechslungsreich und bunt gemischt findest du sie in neun Kapiteln. Zum Beispiel in dem Kapitel »Salate«: Hier habe ich weniger an Beilagensalate gedacht, sondern an Salate, die an einem vegetarischen Tag als Hauptspeise dienen. Suppen und Eintopfgerichte sind an Veggie-Days ebenfalls ideal, weil sie sich prima vorbereiten lassen und über mehrere Tage gegessen werden können. Auch die Alpenküche, die zu einem großen Teil fleischlos ist, darf meiner Meinung nach in einem vegetarischen Kochbuch nicht fehlen. Genauso wenig wie Süßspeisen. Aber stöbere doch mal selbst – ich hoffe sehr, dass dir die Rezepte gefallen.

Wenn du Fragen oder Anmerkungen zu den Rezepten hast, kontaktiere mich gern über meine Social-Media-Kanäle. Du hast die Wahl zwischen Instagram, Facebook oder Pinterest – und seit Neuestem über meinen Youtube-Kanal. Ich melde mich gerne zurück.

Alles Liebe, deine Emmi

Rezeptlegende

Bei manchen Rezepten findest du kleine Icons. Es gibt fünf verschiedene, die im Folgenden erklärt werden:

Mit »schnell« gekennzeichnet sind alle Rezepte, die du in 35 Minuten oder darunter zubereiten kannst.

Rezepte, die als »Familienliebling« bezeichnet sind, kommen erfahrungsgemäß bei allen Familienmitgliedern gut an.

In jedem Rezept findest du dieses Symbol. Daneben liste ich dir die wichtigsten Küchenhelfer auf, damit du sie vor dem Kochen schon bereitstellen kannst und vorab weißt, wie viel zu spülen sein wird.

Bei manchen Rezepten findest du dieses Symbol, und zwar dann, wenn ich einen besonderen Tipp zu dem Rezept habe.

Alle Backrezepte werden in Ober-/Unterhitze und auch Umluft angegeben. Wenn ich eines von beiden empfehle, schreibe ich es dazu.

Was mir noch wichtig ist

Wenn du beim vegetarischen Kochen besonderen Wert darauf legst, dass keinerlei Zutaten aus der Fleischverarbeitung stammen, dann solltest du beim Kauf von Käse, wie Parmesan, darauf achten, dass er mit mikrobiellem Lab und nicht mit tierischem Lab hergestellt wurde. Mikrobielles Lab wird von den meisten Herstellern mittlerweile auf der Packung gekennzeichnet. Jedoch besteht generell keine Kennzeichnungspflicht, welche Art Lab für die Käseherstellung eingesetzt wurde. Für die meisten Käsesorten, die mit tierischem Lab hergestellt wurden, gibt es auch gute Alternativen. Als Ersatz für Parmesan kann man andere italienische Hartkäsesorten, wie zum Beispiel Montello, verwenden. An der Käsetheke wird man dich aber gerne dazu beraten.

Die angegebenen Zubereitungszeiten sind Richtwerte, denn bei dem einen Rezept geht es mit dem Schälen und Schnippeln flotter als bei dem anderen. Es ist aber auch eine Frage der Tagesform.

In Kochbüchern beziehungsweise überhaupt bei Rezepten ist es üblich, das Aufheizen des Backofens zu Beginn zu erwähnen. Du kennst jedoch deinen Backofen am besten, entscheide deshalb selbst den Zeitpunkt, wann du ihn aufheizt. Das meine ich in den Rezepten mit »rechtzeitig«.

Salate

Linsensalat

Ein sättigender und gesunder Salat mit Linsen und frischem Gemüse, der im Handumdrehen zubereitet ist. Er lässt sich prima vorbereiten und macht sich auch auf einem Buffet sehr gut.

Für 6 Portionen
25 Minuten

1 Sieb,
1 großer Topf,
1 große Schüssel

250 g getrocknete Berglinsen
40 g Petersilie
2 g Minzblätter
100 g Möhren
½ Salatgurke (ca. 220 g)
2 Stangen Staudensellerie (ca. 150 g)
1 rote Spitzpaprika (ca. 120 g)
1 Bund Frühlingszwiebeln

Für das Dressing:
7 EL Olivenöl
3 EL weißer Balsamicoessig
1 EL frischer Zitronensaft
1 TL Bio-Zitronenabrieb
2 TL Salz
1 TL mittelscharfer Senf
1 TL flüssiger Honig (alternativ Agavendicksaft)
1 TL gemahlener Kreuzkümmel

1. Die Berglinsen in ein Sieb geben und gut mit Wasser abspülen. In einem großen Topf reichlich Wasser zum Kochen bringen und die Linsen darin 15–20 Minuten ohne Deckel leise köcheln lassen.

2. Die Zutaten für das Dressing in einer großen Schüssel mit einem Schneebesen verrühren.

3. Die frische Petersilie und die Minzblätter waschen, trocken schütteln und fein schneiden. Die Möhren waschen, schälen und in kleine Würfel schneiden. Die Gurke waschen, entkernen und in kleine Würfel schneiden. Die Blätter des Selleries entfernen und den Sellerie waschen. Die Spitzpaprika waschen, entkernen und zusammen mit dem Sellerie in kleine Würfel schneiden. Die Frühlingszwiebel waschen, putzen und in schmale Ringe schneiden.

4. Das geschnittene Gemüse in die Schüssel zum Dressing geben. Die gekochten Linsen in ein Sieb abgießen, mit kaltem Wasser abschrecken und vollständig auskühlen lassen. Ebenfalls in die Schüssel geben und alles gut vermengen. Nach Belieben nochmals abschmecken.

Tipp: Der bunte Linsensalat kann direkt oder am nächsten Tag serviert werden, denn durchgezogen schmeckt er besonders lecker.

Couscoussalat

Couscous zuzubereiten geht unglaublich einfach und er macht sich toll als Salatbasis. Er ist aber nicht nur ein leckerer Sattmacher, sondern auch eine tolle pflanzliche Proteinquelle mit vielen Ballaststoffen. Zudem lässt er sich prima vorbereiten und mitnehmen.

Für 4 Portionen
20 Minuten

1 große Schüssel,
1 kleine Schüssel

200 g Couscous
½ TL Salz
4 Frühlingszwiebeln
1 rote Paprikaschote
2–3 Tomaten (ca. 250 g, Sorte nach Belieben)
½ Salatgurke
10 g Blattpetersilie
10 g frische Minze

Für das Dressing:
6 EL Olivenöl
2 EL Zitronensaft
1 EL Tomatenmark
2 TL flüssiger Honig
½ TL edelsüßes Paprikapulver
½ TL gemahlener Kreuzkümmel (nach Belieben)
1 Prise Salz
1 Prise schwarzer Pfeffer aus der Mühle

1. Den Couscous in einer großen Schüssel mit dem Salz vermengen und mit 450 ml kochendem Wasser übergießen. 5–10 Minuten quellen lassen, bis das Wasser weitestgehend aufgesogen ist. Den Couscous mit einer Gabel auflockern.

2. Das Gemüse vorbereiten: Die Frühlingszwiebeln putzen, waschen und in feine Ringe schneiden. Die Paprikaschote waschen, entkernen und fein würfeln. Die Tomaten waschen und mit Kernen klein würfeln. Den Strunk dabei entfernen. Die Gurke waschen, schälen, halbieren und die Kerne mit einem Teelöffel entfernen. Die Gurke in kleine Würfel schneiden. Die Petersilie und die Minze waschen, trocken schütteln, die Blätter von den Stielen abzupfen und fein schneiden.

3. Für das Dressing alle Zutaten in eine kleine Schüssel geben und mit einem Schneebesen verrühren. Zum Schluss nach Belieben abschmecken.

4. Das Dressing sowie das komplette Gemüse zum Couscous geben und alles gut miteinander vermengen. Sofort servieren oder im Kühlschrank ziehen lassen.

Tipp: Wenn du 1 oder 2 EL Olivenöl unter den Couscous rührst, lassen sich das Dressing und die Zutaten noch besser mit ihm vermengen.

Rote-Bete-Salat

Ein gesunder Salat der mit wenigen Zutaten wie Feta, Walnüssen und einem raffinierten Dressing auskommt – ganz einfach und schnell aus dem Vorrat ganzjährig zubereitet, wenn du die vakuumierte Variante wählst.

Für 4 Portionen
15 Minuten

1 Schüssel

500 g Rote Bete (vakuumiert oder frisch gekocht)
200 g Feta
3 Frühlingszwiebeln
30 g Walnusskerne
4 EL Olivenöl
2 EL weißer oder dunkler Balsamicoessig
1 TL flüssiger Honig
Salz
schwarzer Pfeffer aus der Mühle

1. Die Rote Bete in kleine Würfel oder in dünne Scheiben schneiden. Dazu am besten Einmalhandschuhe verwenden oder etwas Speiseöl in den Händen verteilen, damit sie die Farbe nicht annehmen. Den Feta in kleine Würfel schneiden. Die Frühlingszwiebeln putzen, waschen und mit dem Grün in feine Ringe schneiden. Die Walnusskerne fein hacken.

2. Für das Dressing das Olivenöl, den Essig und den Honig in einer Schüssel mit dem Schneebesen verrühren. Mit Salz und schwarzem Pfeffer abschmecken.

3. Alle Zutaten mit dem Dressing vermengen oder die Zutaten auf vier Tellern anrichten und das Dressing darüber verteilen – das bietet sich vor allem an, wenn die Rote Bete in Scheiben geschnitten wurde.

Tipp: Verteile die Fetawürfel erst zum Schluss als Topping auf dem Salat, falls du nicht willst, dass sie die Farbe der Roten Bete annehmen.

Reissalat mit Gemüse

Ein bunter Reissalat passt immer perfekt als leckere Salatmahlzeit. Außerdem eignet er sich hervorragend zum Grillen, fürs Salat- und Partybuffet oder zum Mitnehmen. Er ist auch toll als Resteverwertung, wenn du Gemüse quer durch das Gemüsefach aufbrauchen möchtest.

Für 6 Portionen
20 Minuten

1 kleiner Topf,
2 Siebe,
1 große (Servier-)Schüssel

Für den Reis:

150 g Langkornreis (z. B. Basmati-, Duft- oder Jasmin-Reis)
1 EL gekörnte Gemüsebrühe

Für den Salat:

1 Dose Mais (140 g Abtropfgewicht)
½ Salatgurke (ca. 300 g)
1 rote Paprikaschote (ca. 220 g)
150 g Radieschen (ohne Grün)
100 g Kirschtomaten
½ Bund Frühlingszwiebeln (ca. 70–80 g)
10 g Schnittlauch

1. Den Reis nach Packungsangabe gar kochen und das Kochwasser mit 1 EL Gemüsebrühe statt mit Salz würzen. In ein Sieb abgießen und vollständig abkühlen lassen.

2. Die Zutaten für das Dressing in einer großen (Servier-) Schüssel mit einem Schneebesen verrühren. Nach Belieben abschmecken.

3. Das Gemüse vorbereiten und jeweils direkt in die Schüssel zum Dressing geben: Den Mais in ein Sieb abgießen. Die Salatgurke waschen, vierteln, die Kerne mit einem Löffel entfernen und in 1 cm breite Stücke schneiden. Die Paprika waschen, entkernen und in kleine Stücke schneiden. Die Radieschen waschen, putzen und im Anschluss in kleine Stifte schneiden. Die Kirschtomaten waschen und halbieren. Die Frühlingszwiebeln waschen, putzen und schräg in etwa ½ cm breite Ringe schneiden. Den Schnittlauch waschen, trocken schütteln und in feine Röllchen schneiden.

4. Den abgekühlten Reis in die Schüssel zum Dressing und Gemüse geben, allerdings ohne ihn zu vermengen. Erst kurz vor dem Servieren alle Zutaten vermengen, damit das Gemüse knackig und ansehnlich bleibt.

Für das Dressing:

3 EL Pflanzenöl (Raps- oder Sonnenblumenöl)
2 EL flüssiger Honig
1 EL Orangensaft
2–3 TL mittelscharfer Senf
½ TL weißer Balsamicoessig
¼ TL Salz
1 Msp. schwarzer Pfeffer aus der Mühle

Tipp: Du kannst den Reis für den Reissalat auch schon am Vortag kochen und im Kühlschrank aufbewahren.

Tipp: Die Dressingmenge ist sehr großzügig angesetzt, da die Idee ist, beim Essen die kleinen Kartöffelchen darin zu zerdrücken.

Kartoffelsalat mit Sherry-Senf-Dressing

Kartoffelsalat mal anders zubereitet, nämlich mit Drillingskartoffeln. Zudem ist er praktisch, weil die kleinen Kartöffelchen dafür mit Schale gekocht und nicht geschält werden müssen.

Für 6 Portionen
35 Minuten

1 Topf,
1 sehr große Schüssel

1 ½ kg Drillingskartoffeln (sehr kleine Kartoffeln)
100 g Schalotten
15 g Schnittlauch

Für das Dressing:
2 Knoblauchzehen
2 TL grobes Meersalz + etwas mehr zum Abschmecken
2 TL scharfer Senf (oder Dijon-Senf)
1 ½ EL Sherry (wenn Kinder mitessen, einfach weglassen)
1 TL flüssiger Honig
1 ½ EL weißer Balsamicoessig
120 ml Olivenöl
schwarzer Pfeffer aus der Mühle

1. Die Kartoffeln mit Schale gründlich waschen, in einen Topf mit kaltem Salzwasser geben, sodass die Kartoffeln etwa 1 cm bedeckt sind. Aufkochen und 20 Minuten köcheln lassen. Abgießen und etwa 10 Minuten abkühlen lassen.

2. In der Zwischenzeit die Schalotten schälen und in feine Ringe schneiden. Den Schnittlauch waschen, trocken schütteln und in feine Röllchen schneiden.

3. Für das Dressing den Knoblauch schälen und fein schneiden. Mit dem Meersalz in eine sehr große Salatschüssel (in die später alle Zutaten hineinkommen) geben und mit einem Esslöffel miteinander zerdrücken (kann auch in einem Mörser erfolgen). Dann Senf, Sherry (falls verwendet), Honig und Essig dazugeben und mit dem Schneebesen alles gut vermengen.

4. Das Olivenöl nach und nach unter das Dressing rühren, bis es eine schöne, cremige Konsistenz hat. Nach Belieben mit Meersalz und Honig sowie Pfeffer abschmecken.

5. Zum Schluss die Kartoffeln, die Schalotten und den Schnittlauch mit dem Dressing vermischen.

Nudelsalat

Alle lieben Nudelsalat, ob Groß, ob Klein, und er ist perfekt dafür geeignet, um eine fleischlose Mahlzeit in petto zu haben. Du kannst ihn gut vorbereiten, denn ein paar Stunden im Kühlschrank schaden ihm nicht und er ist ideal zum Mitnehmen zu einer Grillparty.

Für 4 Portionen
20 Minuten

1 großer Topf,
2 Siebe, 1 Schüssel,
1 Küchenreibe

250 g Nudeln
150 g Erbsen (TK)
100 g Cornichons
1 rote Paprikaschote
2 Möhren
1 Dose Mais
(140 g Abtropfgewicht)

Für das Dressing:
200 g Mayonnaise
100 g Schmand
(oder Crème fraîche)
1 EL Cornichon-Flüssigkeit
(aus dem Glas)
1 EL Senf
1 Prise Zucker
1 Spritzer Zitronensaft
Salz
schwarzer Pfeffer aus der Mühle
2–3 Stängel frische Petersilie

1. Die Nudeln in einem großen Topf mit reichlich kochendem Salzwasser nach Packungsangabe bissfest garen. In den letzten 3 Minuten der Kochzeit die Erbsen mitkochen. Dann in ein Sieb abgießen und abkühlen lassen.

2. Alle Zutaten für das Dressing direkt in der Servierschüssel miteinander verrühren und mit Salz und Pfeffer abschmecken.

3. Die Cornichons in dünne Scheiben schneiden. Die Paprikaschote waschen, entkernen und in feine Streifen schneiden. Die Möhren waschen, schälen und grob reiben. Den Mais in ein Sieb abgießen und abtropfen lassen.

4. Das vorbereitete Gemüse sowie die abgekühlten Nudeln und die Erbsen zum Dressing in die Schüssel geben und alles gut miteinander vermengen. Nach Belieben abschmecken.

5. Die Petersilie waschen, trocken schütteln und fein hacken. Den Salat damit garnieren.

Tortellini-Salat

Ein weiterer leckerer Salatklassiker, der sich auch in der Veggie-Küche gut verwenden lässt. Wie der Nudelsalat lässt er sich prima vorbereiten und geht als sättigende Mahlzeit ins Rennen.

Für 4 Portionen
20 Minuten

1 großer Topf,
1 Sieb,
1 Schüssel,
1 Küchenreibe

500 g Tortellini
100 g Erbsen (TK)
150 g Kirschtomaten
3 Frühlingszwiebeln
1 rote Paprikaschote
1 gelbe Paprikaschote
30 g Parmesan

Für das Dressing:
200 g Schmand (oder Crème fraîche)
100 g Mayonnaise
1 EL Weißweinessig
1 TL flüssiger Honig
1 TL Senf
1 Spritzer Zitronensaft
Salz
1 Msp. schwarzer Pfeffer aus der Mühle

1. Die Tortellini und die Erbsen in einem großen Topf mit reichlich kochendem Salzwasser nach Packungsangabe der Tortellini etwa 2–4 Minuten kochen. In einem Sieb abgießen, mit kaltem Wasser abschrecken und anschließend gut abkühlen lassen.

2. Alle Zutaten für das Dressing direkt in der Servierschüssel miteinander verrühren und mit Salz und Pfeffer abschmecken.

3. Die Kirschtomaten waschen und halbieren. Die Frühlingszwiebeln waschen, putzen und in feine Ringe schneiden. Die Paprikaschoten waschen, entkernen und in kleine Würfel schneiden.

4. Das vorbereitete Gemüse sowie die abgekühlten Tortellini und die Erbsen zum Dressing in die Schüssel geben. Den Parmesan hobeln und ebenfalls dazugeben. Alle Zutaten gut miteinander vermengen.

ESSEN
IST

Snacks

Bruschetta mit Tomaten

Ein original italienisches Bruschetta besteht erstmal nur aus geröstetem Brot und Olivenöl. Die Abwandlung zum Tomaten-Bruschetta wird es im Original dann mit Knoblauch und Tomaten, aber keinesfalls mit Zwiebeln. Für mich schmeckt es nach Sommer und italienischem Lebensgefühl.

Für 4 Portionen
15 Minuten

1 Pfanne oder
1 Grillrost

8 Scheiben Ciabatta (je 1–1 ½ cm dick)
2 Knoblauchzehen
3–4 reife Tomaten (z. B. Flaschentomaten wie San Marzano oder Strauchtomaten)
12 Basilikumblätter
3–4 EL natives Olivenöl extra
Salz
schwarzer Pfeffer aus der Mühle

1. Die Brotscheiben entweder in einer Pfanne ohne Fett oder im Backofen auf dem Grillrost bei 200 °C (Umluft 180 °C) rösten. Sowohl im heißen Backofen (mittlere Schiene) als auch in der heißen Pfanne (mehrmals wenden) benötigen die Brotscheiben etwa 8 Minuten, um von beiden Seiten goldbraun zu backen.

2. In der Zwischenzeit den Knoblauch schälen. Die Tomaten waschen und den Strunk herausschneiden. Die Tomaten halbieren und so viele Kerne wie möglich entfernen, je nach Sorte ist das unterschiedlich viel. Das Fruchtfleisch in etwa 1 cm große Würfel schneiden. Das Basilikum waschen und gründlich mit einem Küchenpapier trocken tupfen.

3. Die heißen Brotscheiben auf der oberen Seite gleichmäßig mit den Knoblauchzehen einreiben und mit insgesamt 3–4 EL Olivenöl beträufeln, sodass sie leicht durchtränkt sind.

4. Die Tomatenwürfel auf den Brotscheiben verteilen und pro Scheibe noch ein paar Tropfen Olivenöl auf die Tomatenwürfel träufeln. Das Ganze mit Salz und Pfeffer würzen, die Basilikumblätter kleinzupfen und gleichmäßig darauf verteilen.

Falafel

Die Bällchen aus Kichererbsen sind lecker, gesund und können vielfältig serviert werden: ohne alles zum Snacken, als Topping auf einem großen gemischten Salatteller, im Fladenbrot als Sandwich oder mit gedünstetem Gemüse und Kräuterquark (siehe Seite 44). Auch kalt schmecken sie sehr lecker.

Für 4 Portionen
35 Minuten
12 ½ Stunden ruhen

1 Sieb,
1 große Schüssel,
1 Multizerkleinerer,
1 große Pfanne oder
1 Backblech

200 g getrocknete Kichererbsen (müssen 12 Stunden in Wasser quellen)
1 rote Zwiebel
2 Knoblauchzehen
1 rote Peperoni
1 Stange Staudensellerie
15 g frischer Koriander
15 g glatte Petersilie
20 g Mehl
1 TL Backpulver
1 TL gemahlener Koriander
1 TL gemahlener Kreuzkümmel

1. Die Kichererbsen in einem Sieb gut abspülen. In eine Schüssel geben, 600 ml Wasser aufgießen und mindestens 12 Stunden quellen lassen.

2. Die Kichererbsen wieder in ein Sieb abgießen, kurz abspülen und abtropfen lassen. Die Kichererbsen müssen nicht gekocht werden. Die Kichererbsen mit einem Multizerkleinerer so fein wie möglich pürieren. Die Kichererbsenmasse in eine große Schüssel geben.

3. Die rote Zwiebel und die Knoblauchzehen schälen und grob würfeln. Die Peperoni waschen, trocknen und in grobe Stücke schneiden. Den Sellerie waschen und ebenfalls in grobe Stücke schneiden. Den Koriander und die Petersilie waschen und trocken schütteln. Die vorbereiteten Zutaten ebenfalls im Multizerkleinerer sehr fein pürieren.

4. Das Gemüsepüree in die Schüssel zur Kichererbsenmasse geben. Das Mehl, das Backpulver sowie die Gewürze hinzugeben und mit einem Kochlöffel oder den Händen vermengen. Mindestens 30 Minuten (bis mehrere Stunden) im Kühlschrank ruhen lassen.

5. Nach Belieben flache Taler, Nocken oder Bällchen aus der Falafelmasse formen. Für die Taler mit einem Teelöffel Masse in die Öffnung eines Fafalelportionierers drücken. Nocken mit zwei angefeuchteten Esslöffeln formen, Bällchen mit Hilfe eines Eisportionierers formen (zum Braten in der Pfanne sind die Bällchen eher ungeeignet).

Tipp: Den Pürierstab empfehle ich für dieses Rezept NICHT, die Kichererbsen haben trotz des Einlegens eine noch sehr feste Struktur, die den Pürierstab beschädigen könnten. Wer eine Fritteuse zu Hause hat, kann die Falafel auch in reichlich Pflanzenöl frittieren.

- 1 TL schwarzer Pfeffer aus der Mühle
- 1 ½ TL Salz
- neutrales Pflanzenöl (Raps- oder Sonnenblumenöl) zum Ausbacken

6. Die Falafel entweder in der Pfanne oder im Backofen garen. Dazu reichlich Pflanzenöl in eine große Pfanne geben, sodass das Öl etwa ½ cm hoch steht. Das Öl erhitzen und die Falafel bei mittlerer Hitze etwa 8–10 Minuten anbraten. Alternativ die Falafel mit etwas Öl bepinseln, auf ein mit Backpapier belegtes Backblech legen und auf mittlerer Schiene bei 200 °C (Umluft 180 °C) 30 Minuten backen, nach 15 Minuten einmal wenden (im Ofen werden sie etwas trockener). Die Falafel aus der Pfanne (oder dem Ofen) nehmen und auf einem Teller mit Küchenpapier gut abtropfen lassen.

Obazda

Der herzhafte Weichkäse-Dip gehört zu jeder zünftigen Brotzeit und ist bekannt aus Biergärten und vom Oktoberfest. Ich serviere ihn gerne, wenn Freunde kommen und wir in geselliger Runde zusammensitzen, aber auch bei einem gemütlichen Fernsehabend mit Salzstangen oder -brezeln macht er sich gut.

Für 4 Portionen
15 Minuten

1 tiefer Teller,
1 kleiner Topf

200 g Camembert oder Brie (oder ein anderer Weichkäse), zimmerwarm
70 g Butter, zimmerwarm
1 TL edelsüßes Paprikapulver
¼ TL rosenscharfes Paprikapulver
1 Prise Salz
1 rote Zwiebel zum Garnieren und Servieren
etwas Schnittlauch zum Garnieren

1. Den Camembert oder Brie mit Rinde in kleine Stücke schneiden und in einen tiefen Teller geben. 50 g sehr weiche Butter sowie beide Paprikapulver hinzugeben. Den Käse und die Butter mit einer Gabel zerdrücken und dabei alle Zutaten vermengen.

2. Die restliche Butter (20 g) in einem kleinen Topf schmelzen und leicht braun werden lassen. Die geschmolzene Butter unter den Obazda rühren und mit dem Salz und den anderen Gewürzen nach Belieben abschmecken.

3. Zum Servieren die rote Zwiebel schälen und in Ringe schneiden, ein paar Ringe zum Garnieren verwenden und den Rest dazu servieren. Den Schnittlauch waschen, trocken schütteln, in Röllchen schneiden und ebenfalls zum Garnieren verwenden.

Tipp: Der Käse und die Butter sollten Zimmertemperatur haben, dazu 1–2 Stunden vorher aus dem Kühlschrank nehmen.

Basilikumpesto

Frisches Basilikum schmeckt aromatisch und nach Sommer und ist so einfach, dass man es wirklich schnell selbst machen kann. Es passt nicht nur zu Pasta aller Art, sondern zum Beispiel auch als Aufstrich für Baguette.

Für 4 Portionen
15 Minuten

1 beschichtete Pfanne,
1 Küchenreibe,
1 hoher Rührbecher,
1 Pürierstab
(oder Multizerkleinerer),
1 Einmach-/Schraubglas
(170 ml)

50 g Basilikumblätter
(etwa 1 großer Topf)
50 g Pinienkerne
1 Knoblauchzehe
(nach Belieben)
50 g Parmesan
70 ml natives Olivenöl extra
¼ TL Salz + etwas mehr
zum Abschmecken
¼ TL schwarzer Pfeffer
aus der Mühle

1. Die Basilikumblätter waschen und mit Küchenpapier sehr gut trocken tupfen. Die Pinienkerne in einer beschichteten Pfanne ohne Fett bei mittlerer Hitze rösten. Dabei immer ein Auge darauf haben, weil sich erst nichts tut und die Kerne dann ruckzuck schwarz werden. Den Knoblauch schälen und grob würfeln. Den Parmesan fein reiben.

2. Basilikum, Olivenöl, Pinienkerne, Knoblauch, Salz und Pfeffer in einen hohen Rührbecher geben und mit dem Pürierstab fein pürieren. Alternativ in einem Multizerkleinerer zubereiten. Den Parmesan unter das Pesto heben und alles nach Belieben mit Salz abschmecken.

3. Das Pesto in ein abgekochtes Schraubglas füllen. Kleine Reste gleich als Brotaufstrich genießen oder in ein weiteres kleines Glas füllen. Ungeöffnet hält das Pesto im Kühlschrank 1–2 Monate. Reste im bereits geöffneten Glas mit einer Schicht Olivenöl bedecken, dann hält es 1–2 Wochen.

Tipp: Die Basilikumblätter sollten für das Pesto idealerweise gut getrocknet sein, deshalb empfehle ich dir, sie rechtzeitig vor der Verarbeitung zu waschen und zum Trocknen auszulegen.

Basilikum

Knusprige Ofenkartoffeln

Die Ofenkartoffeln aus frischen und festkochenden Kartoffeln sind gesund, lecker und schnell vorbereitet. Im Ofen brauchen sie nicht wesentlich länger als gekaufte Tiefkühl-Pommes. Je nach Kartoffelsorte sind sie nach der Garzeit weicher oder fester. Ich persönlich verwende dafür am liebsten die Sorte »Sieglinde«, wenn ich sie bekomme.

Für 4 Portionen
10 Minuten
30 Minuten backen

1 Schüssel,
1 Blech

800 g festkochende Kartoffeln
4 EL Olivenöl
2 TL edelsüßes Paprikapulver
1 TL Salz

1. Den Ofen rechtzeitig auf 200 °C Umluft vorheizen. Die Kartoffeln waschen, schälen und in die gewünschte Form schneiden: Kartoffelecken, Pommes, Würfel, Wedges oder Kartoffelscheiben.

2. In einer Schüssel das Olivenöl, Paprikapulver und Salz vermengen. Die geschnittenen Kartoffeln dazugeben und gut vermischen.

3. Die Kartoffeln auf einem mit Backpapier belegten Blech verteilen. Darauf achten, dass sie alle einzeln und nicht übereinander liegen. Im vorgeheizten Ofen auf der mittleren Schiene etwa 30 Minuten backen, bis sie leicht gebräunt und gar sind. Je nach Schnittvariante verändert sich auch die Backzeit, daher die Ofenkartoffeln nicht ganz aus den Augen lassen. Am besten mit der Gabel testen und einfach eine Kartoffel probieren.

Tipp: Mit frischem Rosmarin ergänzen. Dafür waschen, trocken schütteln, 1-2 EL Nadeln abzupfen und fein hacken. Ebenfalls mit den Kartoffeln vermengen.

Guacamole

Du wirst dich wundern, wie einfach man Guacamole selbst machen kann. Sie schmeckt außerdem viel besser als gekaufte. Wenn du so gar keine Schärfe magst, lasse die Jalapeño einfach weg.

Für 4 Personen
15 Minuten

1 kleine Schüssel,
1 Zitruspresse,
1 Knoblauchpresse

2 reife Avocados
1 Limette
1 Tomate
1 kleine rote Zwiebel
½ kleine Jalapeño
1 EL Korianderblätter
1 Knoblauchzehe
Meersalz
schwarzer Pfeffer aus der Mühle

1. Die Avocados halbieren, die Kerne entfernen und mit einem Löffel das Fruchtfleisch in eine Schüssel löffeln. Die Hälfte der Limette auspressen und den Saft über die Avocados geben. Mit einer Gabel zu einem feinen Mus zerdrücken.

2. Die Tomate waschen, trocknen, den Strunk und das Kerngehäuse entfernen und in feine Würfel schneiden. Die rote Zwiebel schälen und fein würfeln. Die halbe Jalapeño waschen, entkernen und fein würfeln. Die Korianderblätter waschen, trocknen und fein hacken.

3. Die vorbereiteten Zutaten zum Avocadomus geben. Die Knoblauchzehe schälen und dazupressen, die zweite Hälfte der Limette auspressen, den Saft zur Avocado geben und alles noch einmal vermengen. Mit Meersalz und schwarzem Pfeffer abschmecken.

4. Die Guacamole in einem Schüsselchen als Dip oder Beilage servieren. Passt hervorragend zu Tacos (siehe Seite 125), Burritos oder Enchiladas, aber auch zu den Ofenkartoffeln (siehe Seite 39) oder mit Tortilla-Chips.

Tipp: Am besten probierst du ein kleines Würfelchen der geschnittenen Jalapeño. Je nachdem wie scharf deine Sorte ist, gegebenenfalls weniger verwenden.

Apfelmus

Apfelmus mit heimischen Äpfeln ist aromatisch und kommt natürlich ohne Konservierungsstoffe aus. Es lohnt sich also immer, es selbst zu machen, probiere es doch einmal aus. Zudem ist es ungeöffnet im Kühlschrank bis zu drei Monate haltbar.

35 Minuten

1 Schüssel,
1 großer Topf mit Deckel,
1 hoher Rührbecher,
1 Pürierstab,
3 Schraubgläser (à 215 ml)

- 1 kg säuerliche Äpfel (z. B. Boskop, Elstar oder Braeburn)
- ½ TL Zimt + etwas mehr zum Abschmecken
- ½ TL Zitronensaft + etwas mehr zum Abschmecken
- 2 EL brauner Zucker (oder weißer Zucker) + etwas mehr zum Abschmecken
- 20 g Butter
- 125 ml Apfelsaft (am besten 100 % Direktsaft)

1. Die Äpfel schälen, Kerngehäuse entfernen und in etwa 3 cm große Stücke schneiden. Mit dem Zimt und dem Zitronensaft in einer Schüssel vermengen.

2. In einem großen Topf den Zucker mit der Butter auf mittlerer Stufe schmelzen. So lange erhitzen, bis der Zucker karamellisiert. Karamellisieren bedeutet, dass sich die Butter vom Zucker absetzt und der Zucker Schlieren bildet und flüssig wird. Während des kompletten Vorgangs ab und zu mit einem (Silikon-)Kochlöffel rühren und vor allem Geduld haben!

3. Die Apfelstücke dazugeben (Achtung: Dabei wird das Karamell hart, das macht aber nichts), mit dem Apfelsaft ablöschen und alles verrühren.

4. Mit halb geöffnetem Deckel etwa 20 Minuten köcheln lassen, bis die Apfelstücke weich sind. Alles zusammen in einen hohen Rührbecher geben und mit dem Pürierstab nach Belieben grob oder fein pürieren. Nach Geschmack mit Zitronensaft, Zimt und Zucker abschmecken.

5. Das Apfelmus in abgekochte, sterile Gläser füllen.

Kräuterquark mit Baguette

Das Rezept für einen Kräuterquark ist meines Erachtens ein Must-have für die Veggie-Küche und darf auf keinen Fall fehlen. Er macht nicht nur Baguette zu einem leckeren Snack, sondern auch viele Beilagengerichte zu einem köstlichen, proteinreichen Hauptgericht – ein wahrer Allrounder.

Für 4 Portionen
15 Minuten

1 kleine Schüssel

500 g Speisequark (20 % Fett)
30 g Schnittlauch
30 g Dill
1 Pck. Kresse
2–3 EL frisch gepresster Zitronensaft
Kräutersalz
schwarzer Pfeffer aus der Mühle
essbare Blüten als Dekoration
1 Baguette

1. Den Speisequark in eine Schüssel geben. Den Schnittlauch und den Dill waschen, trocken schütteln und klein schneiden. Die Kressespitzen abzupfen.

2. Die Kräuter zum Quark in die Schüssel geben, alles gut miteinander verrühren und mit Zitronensaft, Kräutersalz und schwarzem Pfeffer abschmecken. Mit essbaren Blüten nach Belieben garnieren.

3. Das Baguette in Scheiben schneiden und mit dem Kräuterquark bestreichen.

Tipp: Du kannst den Quark natürlich mit anderen Kräutern aus deinem Kräutergarten nach Lust und Laune variieren.

Feigen mit Ziegenfrischkäse

Für Feigen-Fans ein köstlicher und ganz einfacher Ofen-Snack mit Ziegenfrischkäse, Walnüssen und Honig überbacken. Auch als Vorspeise für ein Veggie-Menü perfekt geeignet und immer ein toller Hingucker.

Für 2 Portionen
5 Minuten
10 Minuten backen

2 Muffinförmchen oder 1 Auflaufform

2 frische Feigen
etwas Butter für die Form
3–6 TL Ziegenfrischkäse
4 Walnusskerne
2 TL flüssiger Honig
4 Zweige frischer Thymian

1. Den Backofen rechtzeitig auf 200 °C (Umluft 180 °C) vorheizen. Die Feigen vorsichtig waschen und trocken tupfen. An der Oberseite kreuzweise mit einem scharfen Messer tief einschneiden und die Spitzen vorsichtig auseinanderziehen.

2. Die zwei Muffinförmchen oder die Auflaufform mit Butter einfetten. Die Feigen hineinsetzen und den Ziegenfrischkäse in den Feigen verteilen.

3. Die Walnusskerne mit den Händen zerbrechen oder hacken und darüberstreuen, den Honig darüberträufeln und jede Feige mit ein paar frischen Thymianblättchen bestreuen.

4. Etwa 5–10 Minuten im vorgeheizten Backofen auf der mittleren Schiene überbacken, bis der Käse etwas geschmolzen ist. Nach Belieben zusätzlich den Backofengrill 3–5 Minuten einsetzen, damit die Feigen brauner und gerösteter werden.

Tipp: Bei mehr als 2 Feigen einfach eine größere Auflaufform verwenden.

Kartoffelwaffeln

Diese Waffel sorgt für einen großen Aha-Effekt, denn optisch ähnelt die Kartoffelwaffel ihrem süßen Pendant. Die Menge kannst du nach Belieben vervielfältigen. Ideal auch als Hauptgericht mit Kräuterquark (siehe Seite 44) und Salat oder mit Pilzragout (siehe Seite 101).

Für 4 Herzwaffeln
20 Minuten

1 Pfanne,
1 Küchenreibe,
1 Schüssel,
Waffeleisen

1 Zwiebel
15 ml Pflanzenöl (Raps- oder Sonnenblumenöl) + mehr für das Waffeleisen
100 g mehligkochende Kartoffeln
90 ml Milch
75 g Mehl
½ TL Backpulver
1 Ei (Größe M)
1 Prise Salz
1Prise schwarzer Pfeffer aus der Mühle

1. Die Zwiebel schälen und in feine Würfel schneiden. Das Pflanzenöl in einer Pfanne erhitzen und die Zwiebeln darin anrösten. Vom Herd nehmen und abkühlen lassen.

2. Die Kartoffeln waschen, schälen, mit der Reibe sehr fein reiben und mit den Zwiebelwürfeln in eine Schüssel geben. Milch, Mehl, Backpulver, Ei sowie je 1 Prise Salz und Pfeffer dazugeben und alles miteinander vermengen.

3. Das Waffeleisen vorheizen. Die Fläche des Waffeleisens mit etwas Öl einpinseln, aufheizen und die Kartoffelmasse in 4 Portionen ausbacken.

Suppen und Eintöpfe

Klassische Gemüsesuppe

Ein solches Rezept darf in diesem Kapitel natürlich nicht fehlen. Eine klassische aromatische Gemüsesuppe mit viel knackigem Gemüse. Ich füge Gemüsebrühe dazu, damit trotz kurzer Kochdauer ein leckeres Gemüsearoma entsteht und das Gemüse schön bissfest bleibt.

Für 4 Personen
45 Minuten

1 Teefilter und Küchengarn oder 1 Gewürzei, 1 große Schüssel, 1 Küchenreibe, 1 sehr großer Topf

1 große Zwiebel
1 Knoblauchzehe
1 Lorbeerblatt
1 Gewürznelke
1 Wacholderbeere
1 TL schwarze Pfefferkörner
1 Stange Lauch
400 g Möhren
500 g festkochende Kartoffeln
150 g Kohlrabi
120 g Knollensellerie
3 EL Butter
1 ½ l Gemüsebrühe
1 große Prise Salz + etwas mehr zum Abschmecken
schwarzer Pfeffer aus der Mühle
frisch geriebene Muskatnuss
3 EL krause, fein gehackte Petersilie zum Servieren

1. Die Zwiebel und den Knoblauch schälen, in feine Würfel schneiden und beiseitestellen. Das Lorbeerblatt in Stücke teilen und zusammen mit der Nelke, der Wacholderbeere und den Pfefferkörnern in den Teefilter oder das Gewürzei geben. Den Teefilter mit Küchengarn zuschnüren.

2. Das Gemüse vorbereiten und jeweils direkt in eine große Schüssel geben: Den Lauch putzen, gründlich waschen, trocknen und in feine Ringe schneiden. Die Möhren schälen und in feine Scheiben (etwa 3 mm) schneiden oder hobeln. Die Kartoffeln waschen, schälen und in feine Würfel schneiden (etwa 1 cm). Den Kohlrabi und den Knollensellerie schälen und beides ebenfalls in Würfel (etwa 1 cm) schneiden.

3. In einem sehr großen Topf die Butter zerlassen und darin die Zwiebeln und den Knoblauch etwa 1–2 Minuten glasig dünsten. Dann das gesamte Gemüse aus der Schüssel dazugeben und sanft mitdünsten. Dabei 1–2 Mal umrühren und aufpassen, dass nichts anbrennt.

4. Die Gemüsebrühe aufgießen und die Gewürze im Teefilter oder Gewürzei sowie 1 große Prise Salz hineingeben. Die Suppe aufkochen und 8–10 Minuten köcheln lassen. Den Teebeutel/das Gewürzei entfernen und nach Belieben mit Salz, Pfeffer und Muskatnuss abschmecken. Die gehackte Petersilie dazu reichen.

Zucchinisuppe

Wenn uns der Sommer eine reiche Zucchiniernte beschert, ist es doch gut, auch ein Suppenrezept für die Verarbeitung zu haben. Die cremige Suppe geht obendrein sehr schnell und passt wunderbar als Vorspeise oder Hauptspeise.

Für 6 Personen
25 Minuten

1 Küchenreibe,
1 großer Topf
mit Deckel,
1 Pürierstab

1 kg Zucchini
100 g Zwiebeln
2 Knoblauchzehen
100 g Parmesan
1 EL Pflanzenöl (z. B. Rapsöl, Sonnenblumenöl)
750 ml Gemüsebrühe
100 g Mascarpone
1 Msp. frisch geriebene Muskatnuss
1 Msp. Cayennepfeffer
1 TL Salz
1 TL schwarzer Pfeffer aus der Mühle

1. Die Zucchini waschen, die Enden abschneiden und in etwa 2 cm große Würfel schneiden. Die Zwiebeln und den Knoblauch schälen und grob würfen. Den Parmesan fein reiben.

2. In einem großen Topf das Pflanzenöl erhitzen und darin etwa 2 Minuten bei mittlerer Hitze die Zwiebel und den Knoblauch glasig dünsten. Die Zucchini unterrühren und kurz mitdünsten. Die Gemüsebrühe aufgießen, aufkochen und mit Deckel 10 Minuten weiter kochen.

3. Die Zucchinisuppe mit dem Pürierstab so fein wie gewünscht pürieren. Den Mascarpone und den Parmesan hinzufügen und mit Muskatnuss, Cayennepfeffer, Salz und Pfeffer würzen.

4. Nochmals kurz pürieren und abschmecken. Nach Belieben mit oder ohne Topping, wie zum Beispiel Zucchini-Zoodels oder Croûtons, servieren.

RIESS
RIESS

Brokkolisuppe

Die cremige Suppe ist perfekt für die schnelle Familienküche und schmeckt auch kleinen Gemüseverweigerern, weil nichts mehr zu erkennen ist. Die Suppe lässt sich gut vorbereiten und aufwärmen, wenn nicht alle zum Essen zusammenkommen können.

Für 4 Portionen
30 Minuten

1 Sieb,
1 großer Topf
mit Deckel,
1 Pürierstab

500 g Brokkoli
2 Zwiebeln (ca. 100 g)
1 Knoblauchzehe
2 mehligkochende Kartoffeln
40 g Butter
1 Msp. frisch geriebene Muskatnuss
1 l Gemüsebrühe
½ TL Natron
1 TL Salz
1 TL Senf
1 Msp. schwarzer Pfeffer aus der Mühle
½ TL Zitronensaft
Crème fraîche zum Servieren (nach Belieben)

1. Die Brokkoliröschen vom Strunk entfernen. Die Röschen in ein Sieb geben und abwaschen. Den Strunk grob schälen und in kleine Stücke schneiden. Die Zwiebeln, den Knoblauch sowie die Kartoffeln schälen und in grobe Würfel schneiden. In einem großen Topf die Butter zerlassen und darin die Zwiebel und den Knoblauch 2 Minuten bei geringer Hitze andünsten. Die Kartoffelwürfel, die Brokkoliröschen, den klein geschnittenen Brokkolistrunk sowie die geriebene Muskatnuss hineingeben und kurz mitdünsten.

2. Die Gemüsebrühe aufgießen, das Natron hineingeben (dadurch bleibt die grüne Farbe des Brokkolis besser erhalten), aufkochen und mit Deckel 15–20 Minuten gar köcheln. Nach etwa 5 Minuten nach Belieben ein paar Röschen herausfischen und später für die Deko verwenden.

3. Nach der Kochzeit prüfen, ob das Gemüse weich ist. Ist das Gemüse gar, die Suppe mit einem Pürierstab pürieren. Mit Salz, Senf, Pfeffer und Zitronensaft abschmecken. Nach Belieben mit einem Klecks Crème fraîche und den beiseitegestellten Brokkoliröschen servieren.

Tipp: Der komplette Brokkoli inklusive Strunk wird für die Brokkolisuppe verarbeitet. Falls noch Blätter dran sind, kannst du diese klein schneiden und als Garnitur verwenden.

Tomatensuppe für das ganze Jahr

Mit ganzen, geschälten Tomaten aus der Dose zaubert man eine schmackhafte, fruchtige Suppe für viele Anlässe, und zwar das ganze Jahr. Sie lässt sich mit Sahne variabel am Tisch zu einer Tomatencremesuppe abwandeln.

Für 4 Portionen
35 Minuten

1 Teefilter und Küchengarn oder 1 Gewürzei,
1 großer Topf mit Deckel,
1 Handrührgerät,
1 Pürierstab

1–2 Zwiebeln (ca. 100 g)
3 Knoblauchzehen
2 Lorbeerblätter (frisch oder getrocknet)
3 frische Thymianzweige (alternativ 1 TL getrockneter Thymian)
½ TL schwarze Pfefferkörner
3 EL Olivenöl
1 EL Zucker + mehr zum Abschmecken

1. Die Zwiebeln und den Knoblauch schälen und in grobe Stücke schneiden. Die Lorbeerblätter, den Thymian und die Pfefferkörner in den Teefilter oder das Gewürzei füllen. Den Teefilter mit Küchengarn zubinden.

2. Das Olivenöl in einem großen Topf erhitzen und die Zwiebeln und den Knoblauch darin andünsten. Den Zucker darüberstreuen und schmelzen lassen. Die Dosentomaten mit Saft hinzugeben und die Tomaten mit einem Kochlöffel oder einer Gabel etwas zerdrücken. 400 ml Wasser aufgießen und das Tomatenmark, das Salz und das Kräutersäckchen dazugeben. Aufkochen und mit Deckel bei mittlerer Hitze 20 Minuten köcheln lassen.

3. In der Zwischenzeit die Sahne (falls verwendet) halbfest schlagen und kühl stellen. Das Basilikum waschen und trocken schütteln.

4. Die Suppe vom Herd nehmen, das Kräutersäckchen entfernen und die Suppe mit einem Pürierstab fein pürieren. Mit Salz, Pfeffer und Zucker nach Belieben abschmecken.

5. Mit frischen Basilikumblättern garnieren und nach Belieben mit der Sahne zur Tomatencremesuppe verfeinern.

3 Dosen ganze, geschälte Tomaten (à 400 g)
1 EL Tomatenmark
1 ½ TL Salz + etwas mehr zum Abschmecken
schwarzer Pfeffer aus der Mühle

Zum Servieren:
100 g Sahne (nach Belieben)
einige Basilikumblätter

Tipp: Dosentomaten sind ganzjährig verfügbar und sehr aromatisch. Allerdings empfehle ich dir, wirklich auf Qualität zu achten, denn mit den Dosentomaten steht und fällt die Suppe und ihr Aroma.

SOUP
SOUP

Kohlsuppe

Der Suppenklassiker mit Weißkohl und viel Gemüse ist bunt, aromatisch, vitaminreich und eine echte Powermahlzeit nicht nur im Winter. Die leckere Suppe hat sehr wenig Kalorien, aber viele Ballaststoffe und ist deshalb auch als Abnehmsuppe bekannt.

Für 8 Personen
40 Minuten

1 großer Topf mit Deckel (mind. 6 l)

- 1 kg Weißkohl
- 5 Stangen Staudensellerie (ca. 250 g)
- 3 Möhren (ca. 250 g)
- 2 rote Paprikaschoten (ca. 450 g)
- 2 gelbe Paprikaschoten (ca. 450 g)
- 3 Zwiebeln (ca. 150 g)
- 15 g Ingwer
- 15 g frische, glatte Petersilie
- 3 EL neutrales Pflanzenöl (z. B. Rapsöl oder Sonnenblumenöl)
- 1 EL Senf
- 1 ½ l Gemüsebrühe
- 1 Dose ganze, geschälte Tomaten (400 g)
- 1 TL Salz + etwas mehr zum Abschmecken
- 1 Lorbeerblatt
- Cayennepfeffer

1. Die äußeren Blätter des Weißkohls entfernen, den Kohl halbieren, vierteln, Strunk entfernen und in mundgerechte Stücke (»Fleckerl«) schneiden. Den Sellerie waschen, putzen und in mundgerechte Stücke schneiden. Die Möhren schälen, putzen und würfeln. Die Paprikaschoten waschen, halbieren, entkernen und in mundgerechte Stücke schneiden. Die Zwiebeln und den Ingwer schälen und in feine Würfel schneiden. Die Petersilie waschen, trocken schütteln und fein hacken.

2. In einem sehr großen Topf das Pflanzenöl erhitzen und darin die Zwiebeln und den Ingwer 1–2 Minuten andünsten. Den Senf unterrühren und kurz anrösten. Die Paprika, den Sellerie und die Möhren in den Topf geben und ebenfalls 5 Minuten anrösten.

3. Den geschnittenen Weißkohl in den Topf geben, mit der Gemüsebrühe sowie den Tomaten samt Saft und 1 TL Salz ablöschen. Zuletzt die gehackte Petersilie sowie das Lorbeerblatt hineingeben und die Suppe etwa 20–25 Minuten mit Deckel köcheln lassen. Zum Schluss die Suppe mit Salz und Cayennepfeffer abschmecken.

Tipp: Solltest du die Suppe über mehrere Tage essen und ein wenig Abwechslung im Geschmack haben wollen, kannst du die abgeteilten Portionen entweder mit Kreuzkümmel, gerebeltem Majoran oder gerebeltem Bohnenkraut abschmecken und damit variieren.

Minestrone

Der italienische Suppenklassiker macht mit viel Gemüse, Kartoffeln und Nudeln alle satt und glücklich, mich eingeschlossen. Sie lässt sich gut über zwei bis drei Tage im Kühlschrank aufbewahren und sogar einfrieren.

Für 6 Portionen
1 Stunde 15 Minuten

1 sehr großer Topf mit Deckel, 1 Küchenreibe

4 festkochende Kartoffeln (ca. 300 g)
2 Möhren (ca. 250 g)
1 Kohlrabi (ca. 350 g)
1 Stange Staudensellerie (ca. 50 g)
1 Stange Lauch (ca. 250 g)
1–2 Zwiebeln (ca. 100 g)
1 Knoblauchzehe
3 EL Olivenöl
1 EL Tomatenmark
1 l Gemüsebrühe
1 Dose ganze, geschälte Tomaten (400 g)
1 EL italienische Kräuter
50 g Parmesanrinde (zum Mitkochen)
100 g Suppennudeln (nach Wahl)

1. Zunächst das Gemüse vorbereiten: Die Kartoffeln waschen, schälen und in 1–2 cm große Würfel schneiden. Die Möhren waschen, schälen und in ½ cm breite Scheiben schneiden. Die Kohlrabi schälen und in 1–2 cm große Würfel schneiden. Den Sellerie putzen, waschen und in Würfel schneiden. Den Lauch putzen, waschen und in feine Ringe schneiden. Die Zwiebeln und den Knoblauch schälen und in Würfel schneiden.

2. In einem sehr großen Topf das Olivenöl erhitzen und die Zwiebeln und den Knoblauch darin glasig dünsten. Das Tomatenmark sowie das vorbereitete Gemüse hineingeben und vermengen.

3. Mit der Gemüsebrühe aufgießen, die Tomaten mit dem gesamten Saft, die italienischen Kräuter sowie die Parmesanrinde hinzugeben und alles gut vermengen. Die ganzen Tomaten mit dem Kochlöffel so gut es geht zerkleinern. Die Minestrone 45 Minuten mit Deckel köcheln lassen.

4. In den letzten 7 Minuten der Kochzeit die Suppennudeln und die Erbsen in die Suppe geben und mitkochen. Zum Schluss die Parmesanrinde entfernen und die Suppe mit Pesto, Salz und Pfeffer abschmecken. Nach Belieben zum Essen frisch geriebenen Parmesan und weiteres Pesto reichen.

150 g Erbsen (TK)
1 EL Pesto Genovese (Basilikumpesto aus dem Glas oder selbst gemacht, siehe Seite 36)
Salz
schwarzer Pfeffer aus der Mühle
2–3 EL geriebener Parmesan zum Servieren

Tipp: Ich verwende gerne ganze, geschälte Tomaten anstelle von stückigen Tomaten, weil das Aroma der Tomaten und des Safts wesentlich geschmackvoller ist.

Kürbissuppe mit Kokosmilch

Sie schmeckt leicht asiatisch und ist meine liebste Kürbissuppe, wenn es schnell und einfach gehen soll. Ich serviere sehr gerne Baguette oder Naan-Brot dazu.

Für 4 Portionen
35 Minuten

1 großer Topf mit Deckel, 1 Pürierstab

700 g Hokkaido-Kürbis
1 mehligkochende Kartoffel
400 ml Kokosmilch
150 ml frisch gepresster Orangensaft (oder 100 % Direktsaft)
500 ml Gemüsebrühe oder -fond
¼ TL Chiliflocken + etwas mehr zum Abschmecken
1 TL Currypulver
1 Spritzer Limettensaft
Salz
schwarzer Pfeffer aus der Mühle
etwas Koriander oder Blattpetersilie zum Servieren

1. Den Hokkaido-Kürbis mit Schale gründlich abwaschen, vierteln (z. B. mit einem Sägemesser/Brotmesser) und 700 g abwiegen. Die Kerne mit einem Esslöffel entfernen und den Kürbis mit Schale in große Würfel schneiden. Die Kartoffel waschen, schälen und in große Würfel schneiden.

2. Kürbis, Kartoffel, Kokosmilch, Orangensaft, Gemüsebrühe, Chiliflocken und Currypulver in einen großen Topf geben und aufkochen. Die Hitze reduzieren und mit Deckel etwa 20–25 Minuten köcheln lassen.

3. Die Suppe mit einem Pürierstab pürieren und mit Limettensaft, Salz, Pfeffer und evtl. noch Chiliflocken abschmecken. Zum Servieren frischen Koriander oder Blattpetersilie waschen, trocken schütteln und nach Belieben klein schneiden. Falls gewünscht, noch ein paar Tropfen Kokosmilch oder Sahne auf die Kürbissuppe träufeln.

Tipp: Die Schärfe von Chiliflocken und Currypulver ist wahnsinnig unterschiedlich. Deshalb, wenn du unsicher bist, am besten vor dem Aufkochen durch vorsichtiges Zugeben und Abschmecken an die gewünschte Schärfe herantasten.

Chili sin Carne

Auch fleischlos schmeckt ein Chili sehr lecker und macht Familie oder Gäste glücklich. Außerdem ist es ruckzuck fertig und steht in nur 30 Minuten auf dem Tisch.

Für 6 Portionen
30 Minuten

2 Siebe,
1 großer Topf
mit Deckel

250 g rote Linsen
1 Dose Kidneybohnen (500 g Abtropfgewicht)
1 Dose Mais (285 g Abtropfgewicht)
2 Paprikaschoten (z. B. rot und grün, insgesamt ca. 300 g)
1 Peperoni
1–2 Zwiebeln (ca. 100 g)
3 Knoblauchzehen
3 EL Olivenöl
2 EL Tomatenmark
750 ml Gemüsebrühe
1 Dose stückige Tomaten (400 g)
400 g passierte Tomaten
2 TL Paprikapulver (edelsüß oder rosenscharf)
1 ½ TL gemahlener Kreuzkümmel
Salz

1. Die roten Linsen in einem Sieb mit kaltem Wasser abwaschen und abtropfen lassen. Die Kidneybohnen in einem weiteren Sieb abwaschen (so werden sie bekömmlicher). Den Mais in dasselbe Sieb geben und beides abtropfen lassen. Die Paprikaschoten und die Peperoni waschen, entkernen und in feine Würfel schneiden. Die Zwiebeln und den Knoblauch schälen und fein würfeln.

2. In einem großen Topf das Olivenöl erhitzen und die Zwiebeln darin kurz andünsten. Knoblauch, Peperoni und Paprika hineingeben und alles gemeinsam 2–3 Minuten andünsten. Die Linsen sowie das Tomatenmark hinzugeben, verrühren und kurz andünsten.

3. Mit der Gemüsebrühe ablöschen und die stückigen sowie die passierten Tomaten, die Kidneybohnen und den Mais dazugeben. Mit Paprikapulver, Kreuzkümmel, Salz sowie Cayennepfeffer und Zucker abschmecken.

4. Alles gut miteinander verrühren und mit halb geöffnetem Deckel bei mittlerer Hitze etwa 15 Minuten köcheln lassen. Ab und zu umrühren. Zum Schluss noch einmal abschmecken. Falls verwendet, die Petersilie oder den Koriander waschen, trocken schütteln und fein hacken. Die Suppe mit den Kräutern sowie Limettenspalten (zum Beträufeln) und Crème fraîche servieren.

1 Msp. Cayennepfeffer
1 Prise Zucker
Petersilie oder Koriander zum Servieren
1 Limette und etwas Crème fraîche zum Servieren

Tipp: Für mehr Schärfe bieten sich Chiliflocken oder frische, klein geschnittene Chilis an. Wenn du gerne höllisch scharf isst, kannst du statt der Peperoni auch eine kleine Piri-Piri-Chilischote nehmen.

Linsencurry

Rote Linsen lassen sich unglaublich einfach verarbeiten und sind schnell gar. Mit viel Gemüse und Kokosmilch wird daraus ein leckeres Linsencurry für die schnelle Küche im Alltag.

Für 4 Portionen
35 Minuten

1 Sieb,
1 großer Topf
mit Deckel

1–2 Zwiebeln (ca. 100 g)
2 Knoblauchzehen
1 Stange Lauch (ca. 250 g)
2 Möhren (ca. 250 g)
1 kleines Stück Ingwer (ca. 5–7 g)
150 g rote Linsen
2 EL neutrales Pflanzenöl (z. B. Rapsöl, Sonnenblumenöl)
1 EL Currypulver + etwas mehr zum Abschmecken
100 ml Maracuja- oder Orangensaft (100 % Direktsaft)
400 ml Kokosmilch
250 ml Gemüsebrühe
Salz
Cayennepfeffer
etwas frisch gepresster Limettensaft
Koriander oder Petersilie

1. Die Zwiebeln und den Knoblauch schälen und in feine Würfel schneiden. Den Lauch putzen, waschen und in schräge Ringe schneiden. Die Möhren waschen, schälen und in kleine Würfel schneiden. Den Ingwer schälen und in sehr feine Würfel schneiden oder reiben. Die Linsen in einem Sieb abwaschen und abtropfen lassen.

2. In einem großen Topf das Pflanzenöl erhitzen und darin Zwiebeln, Knoblauch und Ingwer etwa 2 Minuten andünsten. Den Lauch und die Möhren dazugeben und alles 3–5 Minuten dünsten. Das Currypulver und die Linsen unterrühren und etwa 1 Minute anrösten.

3. Mit dem Saft ablöschen und mit der Kokosmilch und der Gemüsebrühe auffüllen, kurz aufkochen lassen und 20 Minuten mit Deckel köcheln lassen.

4. Mit Salz, Cayennepfeffer, weiterem Currypulver und Limettensaft nach Belieben abschmecken. Nach Belieben mit Koriander oder Petersilie garnieren.

Tipp: Als Beilage zum Linsencurry schmeckt am besten gekochter Duft- oder Jasminreis.

Gemüsecurry

Auch in diesem Curryrezept steckt viel gesundes Gemüse. Es macht satt und glücklich und ist eine vollwertige Mahlzeit. Zudem lässt es sich prima vorbereiten und erwärmen – ideal für die Alltagsküche.

Für 4 Portionen
35 Minuten

1 große Pfanne mit Deckel, 1 Sieb

500 g festkochende Kartoffeln (alternativ Süßkartoffeln)
1 Möhre
1 mittelgroße Zwiebel
1 Knoblauchzehe
1 EL neutrales Pflanzenöl (z. B. Raps- oder Sonnenblumenöl)
500 ml Gemüsebrühe
400 ml Kokosmilch
100 g rote Linsen
1–2 EL gelbe Currypaste (mild)
250 g Brokkoli
1 rote Paprikaschote (ersatzweise Spitzpaprika)
1 Spritzer Limettensaft
Salz

1. Die Kartoffeln waschen, schälen und in 1 cm große Würfel schneiden. Die Möhre, die Zwiebel und den Knoblauch putzen, schälen und klein würfeln.

2. Das Pflanzenöl in einer großen Pfanne erhitzen, die Kartoffeln, die Möhren, die Zwiebel und den Knoblauch dazugeben und bei mittlerer Hitze unter Wenden 2–3 Minuten andünsten. Die Gemüsebrühe und die Kokosmilch hinzufügen. Die Linsen in einem Sieb abwaschen und dazugeben. Die Currypaste unterrühren. Das Curry aufkochen und etwa 10 Minuten bei mittlerer Hitze ohne Deckel köcheln lassen.

3. In der Zwischenzeit den Brokkoli putzen, in kleine Röschen teilen und diese abwaschen. Die Paprikaschote waschen, entkernen und in dünne Streifen schneiden. Beides unter das Gemüsecurry mischen und weitere 10 Minuten mit Deckel köcheln lassen. Das Gemüsecurry mit einem Spritzer Limettensaft, Salz und weiterer Currypaste abschmecken.

Tipp: Du hast die Schärfe und Würze des Gerichts durch die Wahl der Currypaste maßgeblich in der Hand: Die gelbe ist mild, die grüne ist am schärfsten, die rote mittelscharf.

Erbsensuppe

Das Rezept eignet sich besonders gut, wenn du auf die Schnelle eine wärmende Suppenmahlzeit auf den Tisch zaubern möchtest. Alles kommt aus dem Vorrat, besser geht es kaum, wenn der Heißhunger gestillt werden muss.

Für 3–4 Portionen
25 Minuten

1 hoher Topf mit Deckel, 1 Pürierstab

1 mittelgroße Zwiebel
40 g Butter
1 Prise Zucker + etwas mehr zum Abschmecken
1 Msp. frisch geriebene Muskatnuss + etwas mehr zum Abschmecken
400 g Erbsen (TK)
750 ml Gemüsebrühe
1 TL Natron (falls vorhanden)
1 Spritzer Zitronensaft
1 TL Senf
Salz
Pfeffer

1. Die Zwiebel schälen und grob würfeln. In einem hohen Topf die Butter zerlassen und die Zwiebelwürfel 2–3 Minuten glasig dünsten. Mit dem Zucker und der Muskatnuss würzen.

2. Die TK-Erbsen dazugeben und kurz mitdünsten lassen. Die Gemüsebrühe aufgießen und das Natron unterrühren. Mit Deckel etwa 15 Minuten bei mittlerer Hitze kochen lassen.

3. Nach Belieben für die Einlage 2 EL Erbsen entnehmen und den Rest der Suppe mit dem Pürierstab pürieren. Mit Zitronensaft, Senf, Salz, Pfeffer, Muskatnuss und Zucker nach Belieben abschmecken. Mit den beiseitegestellten Erbsen servieren.

Tipp: Mit Natron bleibt grünes Gemüse beim Kochen schön grün.

Chinakohl-Curry-Suppe

Chinakohl eignet sich hervorragend als Suppenbasis und harmoniert perfekt mit Curry und Kokosmilch. Beides gemeinsam liefert eine ganz besondere Note, und wie jeder andere Kohl ist auch der Chinakohl eine absolute Vitaminbombe.

Für 4 Portionen
30 Minuten

1 Topf mit Deckel,
1 Pürierstab

1 kg Chinakohl
1–2 Zwiebeln (ca. 100 g)
1 Knoblauchzehe
2 EL Pflanzenöl (Raps- oder Sonnenblumenöl)
1 EL Currypulver
750 ml Gemüsebrühe
400 ml Kokosmilch
½ TL Salz
¼ TL Cayennepfeffer
4 EL frisch gepresster Orangensaft

1. Den Chinakohl putzen, vierteln, in Streifen schneiden und waschen. Die Zwiebeln und den Knoblauch schälen und in kleine Würfel schneiden. Das Öl in einem großen Topf erhitzen und die Zwiebeln und den Knoblauch darin anschwitzen. Das Currypulver dazugeben und kurz mitdünsten lassen.

2. Den Chinakohl unterheben, bis er gut mit Fett überzogen ist. Mit der Gemüsebrühe ablöschen und mit Deckel etwa 10 Minuten köcheln lassen, bis der Kohl weich ist. Etwas Kohl entnehmen und den Rest der Suppe mit einem Pürierstab fein pürieren. Die Kokosmilch unterrühren und heiß werden lassen. Mit Salz, Cayennepfeffer und Orangensaft abschmecken. Den beiseitegestellten Kohl als Einlage mitservieren.

Feldsalatsuppe

Feldsalat gibt es den ganzen lieben langen Winter und er zählt zu den gesündesten Salaten.
Du wirst staunen, welch gute Figur er in einer Suppe macht.
Einfach köstlich und der Aha-Effekt ist garantiert, versprochen!

Für 4 Portionen
30 Minuten

1 Topf mit Deckel,
1 Pürierstab

- 400 g Lauch
- 200 g mehligkochende Kartoffeln
- 2 EL neutrales Pflanzenöl (Raps- oder Sonnenblumenöl)
- 1 Msp. frisch geriebene Muskatnuss
- ½ TL Salz + etwas mehr zum Abschmecken
- 1 Lorbeerblatt
- 500 ml Gemüsebrühe
- 250 ml Milch
- 200 g Feldsalat
- ½ TL Cayennepfeffer

1. Den Lauch putzen, längs halbieren, sorgfältig waschen und den weißen sowie den grünen Teil in 1 cm dicke Stücke schneiden. Die Kartoffeln waschen, schälen und in kleine Würfel schneiden.

2. Das Pflanzenöl in einem Topf erhitzen und den Lauch darin etwa 2 Minuten unter Rühren andünsten. Die Kartoffelwürfel dazugeben und kurz mitdünsten. Mit Muskatnuss und ½ TL Salz würzen. Das Lorbeerblatt dazugeben. Mit der Brühe und der Milch aufgießen und aufkochen. Mit Deckel etwa 15 Minuten köcheln lassen.

3. Den Feldsalat putzen, waschen und gut trocknen. Ein wenig für die Deko beiseitelegen. Die Suppe vom Herd nehmen, den Feldsalat in die Suppe geben und mit einem Pürierstab fein pürieren. Mit Cayennepfeffer und Salz nach Belieben abschmecken. Mit dem beiseitegestellten Feldsalat garnieren und servieren.

ESSEN
IST
Fertig

Auflauf- und Ofengerichte

Bunter Gemüseauflauf

Der Kartoffel-Gemüse-Auflauf hat eine cremige Soße und eine leckere Käsekruste. Er lässt sich prima in größeren Mengen zubereiten, gut zwei Tage aufbewahren und einfach im Ofen erwärmen. Ein buntes und gesundes Ofengericht für jeden Tag.

Für 4 Portionen
20 Minuten
35 Minuten backen

1 Auflaufform (30 × 20 cm), 1 Topf mit Deckel, 1 Küchenreibe, 1 beschichteter Topf, 1 Sieb

Butter für die Form
700 g festkochende Kartoffeln
Salz
300 g Brokkoli (frisch oder TK)
1 kleine Zucchini (ca. 250 g)
250 g Paprikaschoten (rot, gelb oder grün, frisch oder TK)
3 Möhren (ca. 250 g, frisch oder TK)
1 Kohlrabi (ca. 300 g, frisch oder TK)
150 g Emmentaler
50 g Parmesan

1. Den Backofen rechtzeitig auf 180 °C Umluft (200 °C Ober-/Unterhitze) vorheizen und die Auflaufform mit etwas Butter einfetten. Die Kartoffeln waschen, schälen, in 2 cm große Würfel schneiden und in einen Topf geben. Mit kaltem Wasser aufgießen, etwas salzen und zum Kochen bringen. Mit Deckel etwa 15 Minuten auf mittlerer Stufe garkochen.

2. In der Zwischenzeit den Brokkoli in Röschen teilen, waschen und trocken tupfen. Die Zucchini waschen und in etwa 1 cm große Stücke schneiden. Die Paprikaschoten waschen, entkernen und in kleine Würfel, sehr dünne Streifen oder Ringe schneiden. Das vorbereitete Gemüse in die Auflaufform geben.

3. Die Möhren und den Kohlrabi schälen und auf der groben Seite einer Küchenreibe fein raspeln. Ebenfalls in die Auflaufform geben.

Für die Béchamelsoße:
30 g Butter
30 g Mehl
400 ml Milch
50 g Sahne
40 g Parmesan
Salz
schwarzer Pfeffer aus der Mühle
2 Spritzer Zitronensaft
1 Msp. frisch geriebene Muskatnuss

Hinweis: Laut Kochhandwerk sollte die Milch bis zum Siedepunkt erhitzt werden bevor sie komplett eingerührt wird. Ich spare mir das (1 Topf weniger!) und bin geduldiger beim Aufkochen. Übrigens ist auch völlig egal, wenn du ein paar Klümpchen in der Soße hast, sie schmeckt trotzdem lecker und das merkt hinterher keiner!

4. Für die Soße die Butter in einem (idealerweise beschichteten) Topf erhitzen, bis sie leicht Blasen wirft. Das Mehl hinzugeben und unter ständigem Rühren mit dem Schneebesen anschwitzen lassen, bis es leicht goldgelb ist und etwas aufwallt. Die Milch (egal ob warm oder kalt) nach und nach unterrühren und aufkochen lassen, dabei immer mal wieder umrühren. Die Sahne dazugeben und unter gelegentlichem Rühren die Soße etwa 5 Minuten bei schwacher Hitze köcheln, bis sie etwas eingedickt ist und der Mehlgeschmack verschwindet.

5. Den Parmesan fein reiben und unter die Soße rühren. Mit Salz, Pfeffer, Zitronensaft sowie Muskatnuss nach Belieben kräftig abschmecken.

6. Die gekochten Kartoffeln in ein Sieb abgießen und in die Auflaufform zum restlichen Gemüse geben. Alles gut vermengen und die Béchamelsoße gleichmäßig darüber verteilen.

7. Für das Überbacken den Emmentaler und den Parmesan reiben und gleichmäßig auf dem Auflauf verteilen. Im vorgeheizten Backofen auf der mittleren Schiene etwa 35–40 Minuten backen. Wird der Käse zu dunkel, einfach abdecken. Gerne noch 5 Minuten ruhen lassen.

Tipp: Wenn du zusätzlich oder alternativ anderes Wurzelgemüse verwendest, dieses ebenfalls putzen und auf der Küchenreibe grob reiben, damit es mit der Garzeit hinkommt.

Spinatlasagne

Meine Spinatlasagne ist schnell zubereitet und funktioniert wunderbar mit frischem oder tiefgekühltem Spinat. Ich habe sie mit leckerer Tomatensoße und nicht mit Béchamelsoße ergänzt, was ihr eine ganz besonders leckere Note verleiht.

Für 4 Portionen
30 Minuten
30 Minuten backen

1 große Auflaufform (30 × 20 cm), 2 große Töpfe mit Deckel, 1 Knoblauchpresse, 1 Schüssel, 1 Küchenreibe

Butter für die Form
15 Lasagneplatten (ohne Vorkochen)

Für die Tomatensoße:
1–2 Zwiebeln (ca. 100 g)
1 Knoblauchzehe
2 EL Olivenöl
3 EL Tomatenmark
700 g passierte Tomaten
1 ½ TL getrockneter Oregano
1 Prise Salz
1 Prise Zucker
1 Prise schwarzer Pfeffer aus der Mühle

1. Den Backofen rechtzeitig auf 200 °C (Umluft 180 °C) vorheizen und die Auflaufform einfetten.

2. Für die Tomatensoße die Zwiebeln und den Knoblauch schälen und fein würfeln. In einem Topf das Olivenöl erhitzen und die Zwiebeln darin etwa 2 Minuten glasig dünsten. Das Tomatenmark sowie den Knoblauch hinzufügen und kurz mitdünsten. Die passierten Tomaten, 50 ml Wasser, Oregano, Salz, Zucker und Pfeffer hinzugeben und die Soße mit Deckel bei kleiner Hitze etwa 10 Minuten leicht köcheln lassen, zwischendurch umrühren. Nach Belieben abschmecken.

3. Den frischen Spinat putzen, waschen, abtropfen lassen, gegebenenfalls mit einem Messer grob zerkleinern und in einen großen Topf geben. (TK-Spinat mit je 1 EL Wasser und Olivenöl auf kleiner Hitze in einem Topf mit Deckel auftauen, dabei ab und zu umrühren.) Das Olivenöl dazugeben. Den Knoblauch schälen und hineinpressen. Gut vermengen. Den Deckel auflegen und den Spinat auf kleiner Stufe zusammenfallen lassen. Schmand, Frischkäse, Salz, Pfeffer und Muskatnuss darunterrühren und nach Belieben abschmecken. Den Parmesan und den Gouda in eine Schüssel reiben und vermengen.

▶

Für den Spinat:
600 g frischer Spinat
(oder 500 g Blattspinat, TK)
1 EL Olivenöl
1 Knoblauchzehe
200 g Schmand
(oder Crème fraîche)
150 g Doppelrahm-Frischkäse
1 TL Salz
1 Prise schwarzer Pfeffer
aus der Mühle
1 Prise frisch geriebene
Muskatnuss

50 g Parmesan
100 g Gouda

4. Den Boden der Form mit einer dünnen Schicht Tomatensoße bedecken. Darauf 3 Lasagneblätter legen (sie sollten möglichst nicht überlappen). 3 gehäufte EL Spinat darauf verteilen und die Platten komplett damit bedecken. Einen großen Schöpflöffel Tomatensoße gleichmäßig darauf verteilen. Diesen Vorgang noch 4-mal wiederholen.

5. Auf die letzte Schicht Lasagneplatten gegebenenfalls den Rest der Spinatmasse und die restliche Tomatensoße geben, sodass alles bedeckt ist. Den geriebenen Käse gleichmäßig darauf verteilen und im vorgeheizten Ofen auf der zweiten Schiene von unten 30 Minuten backen. Vor dem Servieren etwa 5 Minuten ruhen lassen.

STAUB
STAUB

Gemüselasagne

Diese Lasagne mit viel frischem Gemüse wird in der üblichen Lasagne-Art zubereitet, sodass es an einem Veggie-Day fast nicht auffällt, dass das Gericht fleischlos ist.

Für 4 Portionen
20 Minuten
30 Minuten backen

1 Auflaufform (29 × 18 cm), 1 Küchenreibe, 1 große Pfanne mit Deckel

1 Kohlrabi (ca. 300 g)
1 Möhre (ca. 140 g)
1 Stange Lauch (ca. 200 g)
1 Stange Staudensellerie (ca. 90 g)
1–2 Zwiebeln (ca. 100 g)
1 Knoblauchzehe
1 Brokkoli (ca. 400 g)
3 EL Olivenöl
1 EL Tomatenmark
1 EL Senf
1 Dose ganze, geschälte Tomaten (400 g)
400 g passierte Tomaten
1 EL italienische Kräuter
1 TL Salz
¼ TL Zucker
1 Prise schwarzer Pfeffer aus der Mühle

1. Den Backofen rechtzeitig auf 200 °C (Umluft 180 °C) vorheizen. Die Kohlrabi und die Möhre waschen, schälen und in sehr kleine Würfel schneiden (oder grob reiben). Den Lauch sowie den Sellerie putzen, waschen und ebenfalls in sehr kleine Stücke schneiden. Die Zwiebeln und den Knoblauch schälen und fein würfeln. Den Brokkoli gut abwaschen und ohne Strunk fein reiben.

2. In einer großen Pfanne das Olivenöl erhitzen und die Möhren, die Zwiebeln und den Knoblauch bei mittlerer Hitze 2–3 Minuten dünsten. Das restliche Gemüse in die Pfanne geben und kurz mitdünsten. Das Tomatenmark und den Senf zum Gemüse geben, anrösten und untermengen.

3. Mit den ganzen sowie den passierten Tomaten ablöschen und mit den italienischen Kräutern, Salz, Zucker und Pfeffer würzen. Die Gemüsesoße etwa 10 Minuten mit halb geöffnetem Deckel auf mittlerer Hitze köcheln lassen und gelegentlich umrühren.

4. Etwa 1 Schöpflöffel Gemüsesoße auf dem Boden der Auflaufform verteilen (die Form muss nicht eingefettet werden). 3 Lasagneplatten in die Form legen und 2 Löffel Gemüsesoße darauf verteilen. 3-mal wiederholen bis zur 4. Schicht. Den Schmand für die cremige Note als letzte Schicht auf den Lasagneplatten gleichmäßig verstreichen. Den Käse reiben und auf der Schmandschicht verteilen. Die Lasagne im Backofen auf der zweiten Schiene von unten etwa 30 Minuten backen. Wird der Käse zu dunkel, einfach abdecken. Gerne noch 5 Minuten vor dem Servieren ruhen lassen.

12 Lasagneplatten
200 g Schmand
(alternativ Crème fraîche)
100 g Käse (z. B. Gouda,
Edamer, Emmentaler)

Tipp: Die Gemüsesoße schmeckt auch lecker zu Spaghetti oder anderen Nudeln.

Rosenkohlauflauf mit Kartoffeln

Der Auflauf überzeugt alle Rosenkohl-Fans und sogar die Zweifler. Schlichtweg durch seine cremige Soße, die den Kohl lecker ummantelt, und der knusprig überbackenen Käsekruste. Passt auch sehr gut als Beilage.

Für 4 Portionen
25 Minuten
20 Minuten backen

1 Auflaufform (30 × 20 cm), 1 sehr großer Topf mit Deckel, 1 kleiner Topf, 1 Küchenreibe

1 kg Rosenkohl
600 g festkochende Kartoffeln
1 TL Salz + etwas mehr zum Abschmecken
½ TL Natron
1–2 Zwiebeln (ca. 100 g)
2 Knoblauchzehen
4 EL Butter (ca. 60 g), plus mehr für die Form
2 EL Mehl
300 g Sahne
200 ml Milch
2 TL gekörnte Gemüsebrühe
1 TL Senf

1. Den Backofen rechtzeitig auf 180 °C (Umluft 160 °C) vorheizen und die Auflaufform mit etwas Butter einfetten. Den Rosenkohl putzen, die Strünke großzügig abschneiden, damit die äußeren Blätter fast von alleine abfallen, ansonsten mit dem Gemüsemesser entfernen. Bei sehr großem Rosenkohl die Strünke zusätzlich kreuzweise einschneiden, damit sie schneller gar werden.

2. Die Kartoffeln waschen, schälen, in etwa 2 ½ cm große Würfel schneiden und in einen sehr großen Topf geben. Mit kaltem Wasser aufgießen, mit 1 TL Salz würzen und etwa 5 Minuten mit Deckel auf mittlerer Hitze köcheln lassen. Nach 5 Minuten den Rosenkohl sowie das Natron in den Topf geben und mit halb geöffnetem Deckel das Gemüse für weitere 10 Minuten köcheln.

3. Die Zwiebeln und den Knoblauch schälen und in feine Würfel schneiden. In einem kleinen Topf die Butter zerlassen und die Zwiebeln und den Knoblauch darin bei kleiner Hitze glasig dünsten. Das Mehl unterrühren und etwa 1 Minute goldbraun werden lassen. Die Sahne und die Milch hinzugießen und unter Rühren aufkochen und eindicken lassen. Mit der Gemüsebrühe, dem Senf, dem Zitronensaft sowie mit Pfeffer, Muskatnuss und Salz kräftig abschmecken.

1 Spritzer Zitronensaft
1 Msp. schwarzer Pfeffer aus der Mühle
1 Msp. frisch geriebene Muskatnuss
150 g junger Gouda

4. Die Kartoffeln und den Rosenkohl abgießen und in die Auflaufform geben. Das Gemüse gleichmäßig mit der sahnigen Soße übergießen. Den Käse reiben und gleichmäßig auf dem Gemüse verteilen. Im vorgeheizten Backofen auf der mittleren Schiene etwa 20–25 Minuten backen, bis der Käse geschmolzen und goldbraun ist.

Kartoffel-Brokkoli-Auflauf

Ein weiterer leckerer Auflauf für dein Veggie-Repertoire! Er ist nicht nur eine leckere Hauptspeise, sondern eignet sich unglaublich gut als Beilage zu einem Grillkäse oder einem vegetarischen Bratling wie der Semmelbrösel-Frikadelle (siehe Seite 110).

Für 4 Portionen
25 Minuten
20 Minuten backen

1 Auflaufform (30 × 20 cm),
1 Sieb,
1 sehr großer Topf mit Deckel,
1 kleiner Topf

- Butter für die Form
- 800 g festkochende Kartoffeln
- 1 kg Brokkoli
- 1 TL Salz + etwas mehr zum Abschmecken
- 1 Msp. Natron
- 1 große Zwiebel
- 2 Knoblauchzehen
- 1 EL Butter
- 1 EL Pflanzenöl (z. B. Sonnenblumen- oder Rapsöl)
- 200 g Sahne
- 100 ml Milch
- 2 TL gekörnte Gemüsebrühe
- 2 TL Senf
- ½ TL getrockneter Majoran
- 1 Spritzer Zitronensaft

1. Den Backofen rechtzeitig auf 180 °C Umluft vorheizen und die Auflaufform mit etwas Butter einfetten. Die Kartoffeln waschen, schälen und in etwa 2 ½ cm große Würfel schneiden. Den Brokkoli in Röschen teilen und in einem Sieb abwaschen.

2. Die Kartoffeln in einen sehr großen Topf geben, zur Hälfte kaltes Wasser aufgießen und 1 TL Salz hinzugeben. Bei mittlerer Hitze mit Deckel 10 Minuten köcheln lassen, den Brokkoli und das Natron dazugeben und bei halb geöffnetem Deckel gemeinsam 5 Minuten weiterköcheln lassen.

3. Die Zwiebel und den Knoblauch schälen und in feine Würfel schneiden. In einem kleinen Topf die Butter und das Pflanzenöl erhitzen und die Zwiebel darin glasig dünsten. Den Knoblauch dazugeben, bis er anfängt zu duften. Mit der Sahne und der Milch ablöschen und mit Gemüsebrühe, Senf, Salz, Majoran, Zitronensaft, Pfeffer und Muskatnuss würzen. Kurz aufkochen lassen und im Anschluss nochmals nach Belieben abschmecken.

4. Die Kartoffeln und den Brokkoli abgießen, in die Auflaufform geben und gleichmäßig mit der Sahnesoße übergießen. Den Gouda und den Parmesan reiben und gleichmäßig über dem Gemüse verteilen. Im vorgeheizten Backofen auf der mittleren Schiene etwa 20–25 Minuten backen, bis der Käse geschmolzen und goldbraun ist. Gerne noch 5 Minuten ruhen lassen.

1 Msp. schwarzer Pfeffer aus der Mühle
1 Msp. frisch geriebene Muskatnuss
150 g junger Gouda
50 g Parmesan

Tipp: Den Strunk bzw. die übrigen Brokkolireste klein schneiden und in einer Gemüsesuppe (siehe Seite 53) verwenden. Oder weichkochen und für eine kleine Gemüsebeilage pürieren.

Spinat-Oliven-Auflauf mit Feta

Mit diesem Rezept hast du eine wunderbare Vorspeise für vier Personen oder eine kleine Hauptspeise für zwei. Für beide Anlässe ist der Auflauf prima, weil er sich gut vorbereiten lässt.

Für 2 Portionen
20 Minuten
30 Minuten backen

1 Salatschleuder (falls vorhanden), 1 kleine Auflaufform, 1 Sieb

250 g frischer Spinat
12 Kirschtomaten
150 g Feta
80 g Oliven (schwarz oder grün)
1 TL Salz
¼ TL Pfeffer
1 Msp. frisch geriebene Muskatnuss
50 ml Olivenöl
1 Baguette zum Servieren

1. Den Backofen rechtzeitig auf 180 °C (Umluft 160 °C) vorheizen. Vom Spinat die groben Stiele entfernen, waschen und trocknen (idealerweise mit einer Salatschleuder). Den Spinat nach Belieben kleiner schneiden und in die Auflaufform geben (diese muss nicht eingefettet werden). Je nach Größe der Form könnte es in der Form etwas voll werden, aber der Spinat fällt im Backofen in sich zusammen.

2. Die Kirschtomaten waschen und halbieren. Den Feta der Länge nach halbieren und in 1 cm große Würfel schneiden. Die Oliven in einem Sieb abtropfen lassen und mit den Tomaten und den Fetawürfeln über dem Spinat verteilen. Mit Salz, Pfeffer und Muskatnuss würzen. Das Olivenöl über den Spinat gießen.

3. Im vorgeheizten Backofen auf der zweiten Schiene von unten etwa 30 Minuten garen, nach der Hälfte der Garzeit einmal umrühren. Das Baguette aufschneiden und mit dem Auflauf servieren.

Gefüllte Zucchini mit Linsenbolognese

Zucchini ist ein wunderbares Gemüse, denn es ist unglaublich vielseitig und wandelbar. Eine der klassischsten Zubereitungsarten ist, sie nach Belieben zu füllen. Bei diesem Rezept habe ich mich für Linsenbolognese entschieden.

Für 4 Portionen
30 Minuten
20 Minuten backen

1 Auflaufform (30 × 20 cm), 1 Sieb, 1 Küchenreibe, 1 große Pfanne

3 EL Olivenöl, Menge geteilt
3 mittelgroße Zucchini
120 g rote Linsen
150 g Champignons
150 g Möhren
200 g Lauch
1 Zwiebel
2 Knoblauchzehen
2 EL Tomatenmark
500 ml Gemüsebrühe
1 Dose ganze, geschälte Tomaten (400 g)
1 Prise Zucker
2 TL italienische Kräuter
100 g Gouda

1. Den Backofen rechtzeitig auf 200 °C (Umluft 180 °C, ich empfehle Umluft) vorheizen. Die Auflaufform mit 1 EL Olivenöl einfetten. Die Zucchini waschen, halbieren und mit einem Tee- oder Esslöffel aushöhlen.

2. Die roten Linsen in einem Sieb abwaschen und gut abtropfen lassen. Die Champignons mit einem Küchenpapier oder einer Bürste putzen und in feine Würfel schneiden. Die Möhren schälen und auf einer Küchenreibe grob raspeln. Den Lauch putzen, waschen und in feine Ringe schneiden. Die Zwiebel und den Knoblauch schälen und in feine Würfel schneiden.

3. In einer großen Pfanne 2 EL Olivenöl erhitzen und die Zwiebeln und den Lauch 2–3 Minuten andünsten. Das Tomatenmark, die Möhren und die Champignons dazugeben und bei starker Hitze etwa 3 Minuten anrösten. Den Knoblauch unterrühren und kurz mitdünsten lassen.

4. Mit der Gemüsebrühe und den Dosentomaten ablöschen, die roten Linsen hineingeben und mit dem Zucker und den italienischen Kräutern würzen. Aufkochen lassen und bei kleiner bis mittlerer Hitze ohne Deckel etwa 15 Minuten köcheln lassen. Nach Belieben abschmecken.

Tipp: Die Linsenbolognese schmeckt ebenfalls hervorragend mit Pasta.

5. Die ausgehöhlten Zucchini in die Auflaufform setzen. Mit der Linsen-Zucchini-Masse befüllen und den Rest der Masse in der Form verteilen. Den Gouda reiben und darüberstreuen. Den Auflauf im vorgeheizten Backofen auf der mittleren Schiene etwa 20–25 Minuten backen.

Mac 'n' Cheese

Das amerikanische Traditionsrezept für Käsemakkaroni ist ein schnelles Pastagericht. Es ist beliebt bei allen großen und kleinen Käseliebhabern und beschert nach meiner Erfahrung immer leuchtende Augen.

Für 4 Portionen
15 Minuten
15 Minuten backen

1 große Auflaufform (30 × 20 cm),
2 Töpfe,
1 Küchenreibe

Butter für die Form
500 g Makkaroni
30 g Butter
30 g Mehl
1 ½ TL edelsüßes Paprikapulver
1 TL Senf
500 ml Milch
½ TL Salz
1 Msp. Cayennepfeffer
1 TL Zitronensaft
200 g Cheddar
200 g Emmentaler

1. Den Backofen rechtzeitig auf 220 °C (Umluft 200 °C) vorheizen. Die Auflaufform mit Butter einfetten. Die Makkaroni nach Packungsangabe in kochendem Salzwasser bissfest kochen, abgießen und in die Auflaufform geben.

2. Für die Mehlschwitze die Butter in einem (idealerweise beschichteten) Topf zerlassen, das Mehl hinzugeben und unter ständigem Rühren mit dem Schneebesen anschwitzen lassen, bis es leicht goldgelb ist und etwas aufwallt. Das Paprikapulver und den Senf unterrühren und kurz mit anschwitzen. Die Milch (egal ob warm oder kalt) nach und nach unterrühren und aufkochen lassen, dabei immer mal wieder umrühren. Etwa 5 Minuten leicht köcheln lassen, damit der Mehlgeschmack verschwindet, ab und zu umrühren. Mit ½ TL Salz, Cayennepfeffer und Zitronensaft würzen und nochmal nach Belieben kräftig abschmecken.

3. Den Cheddar und den Emmentaler reiben, ungefähr drei Viertel davon in die Soße geben und darin schmelzen lassen. Die Käsesoße zu den Makkaroni in die Form geben und alles gut miteinander vermengen. Mit dem restlichen Käse bestreuen und im vorgeheizten Backofen auf der mittleren Schiene etwa 15 Minuten goldgelb überbacken, bzw. bis die gewünschte Bräunung erreicht ist.

Tipp: Wenn du möchtest, kannst du vor dem Backen den Käse noch mit 1–2 EL Panko (japanische Semmelbrösel) oder Paniermehl bestreuen.

Pfannengerichte

STAUB

Pilzragout

Ein cremig-leckeres Ragout mit vielen Champignons oder anderen Pilzen, die man je nach Saison frei wählen kann. Passt besonders gut zu Knödeln aller Art wie Spinatknödeln (siehe Seite 162) oder Semmelknödeln (siehe Seite 165), aber auch zu Reis oder Baguette.

Für 4 Personen
30 Minuten

1 Schüssel,
1 feines Sieb,
1 große Pfanne

20 g getrocknete Steinpilze
500 g frische Champignons (oder andere Pilze nach Belieben)
1–2 Zwiebeln (ca. 100 g)
1 Knoblauchzehe
2 EL neutrales Pflanzenöl (z. B. Raps- oder Sonnenblumenöl)
100 ml Weißwein (ersatzweise Gemüsebrühe)
125 ml Gemüsebrühe
200 g Sahne
½ TL Salz
½ TL getrockneter Majoran
1 TL Zitronensaft
1 Msp. schwarzer Pfeffer aus der Mühle
1 TL Speisestärke

1. Die getrockneten Steinpilze in 200 ml kochendem Wasser einweichen und 5 Minuten ziehen lassen. In der Zwischenzeit die Champignons mit einem Küchenpapier trocken abreiben und vierteln. Die Steinpilze abgießen (dabei das Einweichwasser auffangen, es ist ohne Bedenken genießbar, weil es gekocht wird) und klein schneiden. Die Zwiebeln und den Knoblauch schälen und fein würfeln.

2. Das Öl in einer großen Pfanne erhitzen und die Zwiebeln darin glasig dünsten. Den Knoblauch hinzugeben und mitdünsten. Die Pilze hinzugeben und auf hoher Stufe 5 Minuten anschwitzen. Mit dem Weißwein ablöschen und den Wein vollständig einkochen lassen.

3. Nun das Einweichwasser durch das Sieb dazugießen, die Gemüsebrühe und die Sahne dazugeben und das Ganze mit Salz, Majoran, Zitronensaft und Pfeffer abschmecken. Weitere 10 Minuten köcheln lassen. Ist das Ragout noch nicht dickflüssig genug, die Speisestärke mit 1 TL Wasser glatt rühren und schluckweise in das köchelnde Ragout rühren. Nach Bedarf wiederholen.

Tipp: Du kannst jede Sorte an frischen Pilzen verwenden: Pfifferlinge, Kräutersaitlinge, Austernpilze, Steinpilze. Auch eine Mischung macht sich gut im Ragout.

Zucchinipuffer

Die schnellen Zucchinipuffer haben eine raffinierte Würze und, was ebenfalls nicht unwichtig ist, sie bleiben stabil in der Pfanne. Sie eignen sich prima als Bratling auf einem Veggie-Burger und schmecken auch kalt sehr lecker.

Für 4 Portionen
30 Minuten

1 Küchenreibe,
1 Sieb,
1 Schüssel,
1 beschichtete Pfanne

900 g Zucchini (ca. 3 Stück)
1 ½ TL Salz, Menge geteilt
2 kleine rote Zwiebeln
1 Knoblauchzehe
40 g Parmesan
2 Eier (Größe M)
1 Spritzer Zitronensaft
½ TL rosenscharfes Paprikapulver
¼ TL schwarzer Pfeffer aus der Mühle
1 Msp. frisch geriebene Muskatnuss
6 EL Paniermehl
4–6 EL Pflanzenöl zum Ausbacken

1. Die Zucchini waschen, putzen und auf der groben Seite der Reibe in ein Sieb reiben. 1 TL Salz darüberstreuen und etwa 15 Minuten ziehen lassen. Das entzieht den Zucchiniraspel Flüssigkeit.

2. In der Zwischenzeit die Zwiebeln und den Knoblauch schälen und in feine Würfel schneiden. Den Parmesan fein reiben. Die Zucchiniraspel im Sieb mit den Händen gut ausdrücken und die Flüssigkeit abgießen.

3. In einer Schüssel mit dem Schneebesen die Eier, den Zitronensaft, ½ TL Salz, das Paprikapulver, den Pfeffer und die Muskatnuss verquirlen. Mit den Zucchiniraspel, dem Parmesan, den Zwiebel- sowie Knoblauchwürfeln und dem Paniermehl vermengen. Ist die Masse noch zu feucht, noch etwas mehr Paniermehl untermengen.

4. Aus der Masse Puffer formen. Das geht mit den Händen oder zwei Esslöffeln. Größe und Form nach Belieben bestimmen. In einer beschichteten Pfanne 2 EL Pflanzenöl pro Portion erhitzen und so viele Zucchinipuffer hineingeben, wie sie gut Platz haben. Bei mittlerer bis hoher Hitze auf jeder Seite etwa 3 Minuten goldbraun braten. Herausnehmen, warm stellen und die nächste Runde braten. Sie schmecken warm und kalt sehr lecker.

Tipp: Ich serviere sie gerne mit meinem Kräuterquark (siehe Seite 44).

STAUB

Tipp: Bis zur letzten Bratrunde kannst du die fertig gebratenen Puffer im vorgeheizten Backofen auf einem Teller bei etwa 100 °C warmhalten.

Kartoffelpuffer

Was gibt es leckereres als selbstgemachte knusprige Kartoffelpuffer, die wie bei Oma schmecken. Ob süß oder herzhaft – die Reibekuchen aus der Pfanne passen immer und bereiten stets schöne Erinnerungen.

Für 4 Portionen
35 Minuten

1 Küchenreibe,
1 große Schüssel,
1 feines Sieb,
1 kleine Schüssel,
1 große Pfanne

1 kg vorwiegend festkochende Kartoffeln
2 Zwiebeln
2 Eier (Größe M)
2 TL Salz
1 TL schwarzer Pfeffer aus der Mühle
1 Prise frisch geriebene Muskatnuss
1 TL Zitronensaft
Pflanzenöl zum Braten (Raps- oder Sonnenblumenöl)

1. Die Kartoffeln waschen, schälen und auf der zweitfeinsten Reibe direkt in eine große Schüssel reiben. In ein feines Sieb geben und abtropfen lassen. Mit einem Kochlöffel oder der Hand die Masse mehrmals kräftig ausdrücken. Das Wasser auffangen und beiseitestellen.

2. Die Zwiebeln schälen, mit der gleichen Reibe fein reiben und zu den Kartoffeln geben. Die Kartoffel-Zwiebel-Masse mit den Eiern, dem Salz, dem Pfeffer, der Muskatnuss und dem Zitronensaft zu einer Kartoffelpuffer-Masse vermengen.

3. Das Kartoffelwasser vorsichtig abgießen (z. B. ins Spülbecken), dabei die am Boden abgesetzte Kartoffelstärke zurückbehalten und als Bindemittel mit der Kartoffelpuffer-Masse vermischen.

4. Reichlich Pflanzenöl (der Boden der Pfanne sollte bedeckt sein) in einer großen Pfanne auf hoher Stufe erhitzen. Mit einem Esslöffel die Kartoffelpuffer-Masse direkt in die Pfanne portionieren und mit dem Löffel etwas platt drücken. Die Hitze etwas reduzieren. Nach 6–8 Minuten die Puffer wenden und die andere Seite ebenfalls 6–8 Minuten braten. Die Kartoffelpuffer nach Belieben auf einem Teller mit Küchenpapier abtropfen lassen. Die fertigen Reibekuchen schmecken warm serviert am besten.

Kürbis-Kartoffel-Puffer mit Schnittlauch-Dip

Leckere Kürbisrezepte kann man doch nicht genug haben, oder? Diese Puffer sind unglaublich saftig und knusprig in der Pfanne gebacken. Dazu serviere ich gerne einen knackigen Salat und einen schnellen selbstgemachten Schnittlauch-Dip.

Für 4 Portionen
50 Minuten

1 Küchenreibe,
1 große Schüssel,
1 große Pfanne
(Ø ca. 32 cm),
1 kleine Schüssel

Für die Kürbis-Kartoffel-Puffer:
500 g Hokkaido-Kürbis
500 g festkochende Kartoffeln
1–2 Zwiebeln (ca. 100 g)
2 Eier (Größe M)
2 EL Schmand
2 EL Dinkel- oder Weizenmehl
2 Prisen Salz
2 Prisen schwarzer Pfeffer aus der Mühle
2 Prisen frisch geriebene Muskatnuss
2–3 EL Kürbiskerne

1. Den Backofen auf 100 °C vorheizen, um die Puffer warmhalten zu können. Den Kürbis mit heißem Wasser abwaschen, trocknen, entkernen und in große Stücke teilen. Die Kartoffeln waschen und schälen. Die Zwiebeln schälen.

2. Auf einer groben Reibe den Kürbis, die Kartoffeln und die Zwiebeln direkt in eine große Schüssel raspeln. Die Eier dazugeben und zusammen mit dem Schmand und dem Mehl unterrühren, bis sich alles gut miteinander verbunden hat.

3. Die Masse mit Salz, Pfeffer und Muskatnuss würzen und die Kürbiskerne unterheben.

4. In einer großen Pfanne pro Portion 2–3 EL Pflanzenöl erhitzen. Die Gemüsemasse esslöffelweise hineingeben und etwas rund formen. Bei mittlerer Hitze insgesamt 5–8 Minuten braten und dabei 1–2 Mal wenden. Das erste Mal nach 3 Minuten wenden, damit die Puffer stabil werden können. Auf Küchenpapier abtropfen lassen und im vorgeheizten Ofen warmhalten, bis alle Puffer fertig gebraten sind.

5. Während die Puffer braten, für den Dip den Schnittlauch waschen, trocken schütteln und in feine Röllchen schneiden. In einer Schüssel mit dem Schmand vermischen und mit Zitronensaft, Salz und Pfeffer abschmecken.

Für den Schnittlauch-Dip:
20 g Schnittlauch
150 g Schmand
1 Spritzer Zitronensaft
Salz
schwarzer Pfeffer aus der Mühle

Tipp: Grundsätzlich sind die ersten Puffer etwas weniger stabil als die letzten. Während der Bratzeit setzt sich das Wasser von der restlichen Gemüsemasse ab, was sie stabiler macht.

STAUB

Gemüsepfanne

Das schnelle Pfannengemüse ist bunt und gesund mit einer sommerlichen, mediterranen Würze. Dazu passt prima ein Kräuterquark (siehe Seite 44) oder Feta, Schafskäse oder körniger Frischkäse. Natürlich eignet es sich auch hervorragend als Beilage.

Für 4 Portionen
25 Minuten

1 große, beschichtete Pfanne

4 Schalotten (ca. 100 g)
10 g frischer Thymian
3 kleine Knoblauchzehen
1 rote Paprikaschote (ca. 200 g)
1 gelbe Paprikaschote (ca. 200 g)
1 Zucchini (ca. 350 g)
2 Möhren (ca. 200 g)
4 EL Olivenöl
2 EL dunkler Balsamicoessig
2 EL Ahornsirup (alternativ flüssiger Honig)
½ TL Salz
¼ TL schwarzer Pfeffer aus der Mühle
¼ Meersalz zum Servieren

1. Die Schalotten schälen und je nach Größe halbieren oder vierteln. Den Thymian waschen, trocken schütteln und die Blättchen abzupfen. Den Knoblauch schälen und in grobe Stücke schneiden.

2. Die Paprikaschoten waschen, putzen und in etwa 2 ½ cm große Stücke schneiden. Die Zucchini waschen und in etwa 1 cm dicke Scheiben schneiden. Die Möhren waschen, schälen und schräg in dünne Scheiben schneiden.

3. In einer großen beschichteten Pfanne das Olivenöl erhitzen, das komplette Gemüse sowie die Thymianblättchen hineingeben und mit dem Balsamicoessig, dem Ahornsirup, dem Salz und dem Pfeffer würzen. Alles gut mit einem Pfannenwender vermengen und etwa 8–10 Minuten bei hoher Temperatur garen. Wem es noch zu knackig ist, empfehle ich, die Garzeit einfach etwas zu verlängern.

4. Zum Servieren noch etwas Meersalz als Topping über die bunte Gemüsepfanne streuen.

Tipp: Wenn du einen Wellen-Waffel-Gemüsehobel verwendest, kannst du schöne Gemüsemuster in dein Pfannengemüse zaubern. Das Auge isst ja bekanntlich mit.

Semmelbrösel-Frikadellen mit Feta

Die Frikadellen sind einfach und schnell in der Pfanne gemacht mit Zutaten, die du bestimmt im Vorrat hast. Sie schmecken zum Beispiel lecker als Topping auf einem grünen oder gemischten Salat, mit einer Tomatensoße oder auf einem üppigen Veggie-Burger.

Für 4 Portionen
25 Minuten

1 Schüssel,
1 Knoblauchpresse,
1 Pfanne

100 g Semmelbrösel (möglichst vom Bäcker oder selbst gemacht)
100 g Feta (oder Parmesan, Pecorino, Bergkäse)
2 Knoblauchzehen
15 g glatte Petersilie
2 Eier (Größe M)
Salz
schwarzer Pfeffer aus der Mühle
frisch geriebene Muskatnuss
1–2 EL Milch oder Sahne (nach Bedarf)
2 EL Olivenöl zum Braten

1. Die Semmelbrösel in eine Schüssel geben, den Feta so klein wie möglich hineinbröseln, den Knoblauch schälen und dazupressen. Die Petersilie waschen, trocken schütteln, fein hacken und hinzufügen. Die Eier dazuschlagen und alles gründlich vermischen. Kräftig mit Salz, Pfeffer und Muskatnuss würzen. Sollte der Teig zu trocken sein, esslöffelweise Milch dazugeben, bis er geschmeidig ist. Aus der Masse beliebig große Frikadellen formen.

2. Das Olivenöl in einer Pfanne erhitzen und die Frikadellen auf beiden Seiten goldgelb braten.

Tipp: Experimentiere nach Herzenslust und gib zum Beispiel sehr fein geriebenes Gemüse wie Möhren oder Zwiebeln und/oder gesunde Kerne hinzu.

Maultaschenpfanne

Die gebratenen Maultaschen aus der Pfanne schmecken dir und deinen Lieben ganz bestimmt, sie machen satt und stehen in nur 15 Minuten auf dem Tisch. Ein absolutes Notfallrezept. Dazu passt ein knackiger grüner Salat besonders gut.

Für 4 Portionen
15 Minuten

1 kleine Schüssel, 1 große, beschichtete Pfanne

- 1 Pck. Gemüse-Maultaschen aus dem Kühlregal
- 1 Bund Frühlingszwiebeln
- 5 Eier (Größe M)
- ½ TL Salz
- 1 Msp. schwarzer Pfeffer aus der Mühle (alternativ Chiliflocken)
- 2 EL Butter
- etwas Schnittlauch oder Petersilie zum Garnieren

1. Die Maultaschen in etwa 1 cm dicke Scheiben schneiden. Die Frühlingszwiebeln putzen, waschen und in feine Ringe schneiden. In einer kleinen Schüssel die Eier verquirlen und mit Salz und Pfeffer würzen.

2. In einer großen beschichteten Pfanne die Butter erhitzen und darin die Frühlingszwiebeln sowie die Maultaschenscheiben etwa 7–8 Minuten auf mittlerer bis hoher Stufe unter mehrmaligem Wenden anbraten. Das verquirlte Ei über die Maultaschen gießen, unterheben und ab und zu wenden. So lange garen, bis das Ei die gewünschte Konsistenz hat.

3. Die Kräuter zum Servieren waschen, trocken schütteln und fein schneiden. In der Pfanne oder auf Tellern mit frischer Petersilie oder Schnittlauch als Garnitur servieren.

Tipp: Du kannst die Maultaschen auch erst 2–3 Minuten alleine ohne Zwiebeln anbraten, so werden sie brauner und krosser und die Zwiebeln bleiben etwas knackiger.

Gnocchipfanne

Ein weiteres Rezept aus diesem Kapitel, dass du mal so »aus dem Ärmel schütteln« kannst, weil du die Zutaten ohnehin im Vorrat oder schnell eingekauft hast. Es ist ein schnelles Pfannengericht für die ganze Familie.

Für 4 Portionen
20 Minuten

1 große Pfanne
mit Deckel

300 g Kirschtomaten
1 Bund Frühlingszwiebeln
2 Knoblauchzehen (nach Belieben)
2 TL Olivenöl
1 kg Gnocchi (aus dem Kühlregal)
Salz
100 g Sahne
1 TL getrockneter Oregano
Cayennepfeffer
200 g Mozzarella (Abtropfgewicht)
Basilikumblätter zum Servieren

1. Die Kirschtomaten waschen und halbieren. Die Frühlingszwiebeln putzen, waschen und in feine Ringe schneiden. Den Knoblauch (nach Belieben) schälen und in feine Würfel schneiden.

2. Das Olivenöl in einer großen Pfanne erhitzen und die Gnocchi darin etwa 3–5 Minuten anbraten, dabei etwas salzen. Um die Gnocchi besonders braun zu braten, in zwei Portionen arbeiten. Die Kirschtomaten, die Frühlingszwiebeln, den Knoblauch, die Sahne sowie den Oregano dazugeben und nach Belieben mit Salz und Cayennepfeffer würzen. Zuletzt den Mozzarella hineinzupfen und alles miteinander vermengen.

3. Mit Deckel auf kleiner bis mittlerer Stufe leicht köcheln lassen, bis der Käse geschmolzen ist. Das Basilikum waschen, trocken schütteln und klein schneiden. Vor dem Servieren nach Belieben auf den Gnocchi verteilen.

STAUB
STAUB

Reispfanne mit Gemüse

Eine Reispfanne ist eine schöne Abwechslung in der Alltagsküche, auch wenn du Reis vom Vortag verarbeiten möchtest oder dein Gemüsefach sehr viel gesundes Gemüse hergibt.

Für 4 Portionen
30 Minuten

1 Topf,
1 Sieb,
1 Küchenreibe,
1 große Pfanne mit Deckel

200 g Langkornreis (z. B. Basmatireis)
150 g Möhren
1 Stange Lauch
100 g Champignons
1 gelbe Paprikaschote
150 g Erbsen (TK)
1 Zwiebel
1 Knoblauchzehe
1 Peperoni
50 g Butter
2 TL edelsüßes Paprikapulver
1 Prise Salz + etwas mehr zum Abschmecken
1 Prise Zucker
Cayennepfeffer
etwas Bio-Zitronensaft oder -abrieb

1. Den Reis in Salzwasser nach Packungsangabe gar kochen, in ein Sieb abgießen und abtropfen lassen. Die Möhren waschen, schälen und auf einer groben Reibe reiben. Den Lauch putzen, waschen und schräg in schmale Ringe schneiden. Die Champignons mit einem Küchenpapier trocken abreiben und in Scheiben schneiden. Die Paprika waschen, entkernen und in Streifen schneiden. Die Tiefkühlerbsen bereitstellen.

2. Die Zwiebel und den Knoblauch schälen und fein würfeln. Die Peperoni waschen, entkernen und fein würfeln. In einer großen Pfanne die Butter erhitzen und die Zwiebel, den Knoblauch und die Peperoni darin andünsten. Das Paprikapulver dazugeben und kurz mitdünsten lassen.

3. Im Anschluss das restliche vorbereitete Gemüse untermengen, mit je 1 Prise Salz und Zucker würzen und bei mittlerer Hitze mit Deckel etwa 5 Minuten andünsten. Zum Schluss den gekochten, abgetropften Reis unterheben und mit Salz, Cayennepfeffer sowie Zitronensaft oder -abrieb nach Belieben abschmecken.

Spanische Tortilla

Ein Klassiker aus der spanischen Tapas-Küche, der perfekt in die vegetarische Küche passt. Wenn ich sie nicht als Tapas-Gericht einplane, serviere ich gerne eine große Schüssel Salat mit Joghurt-Dressing oder Kräuterquark (siehe Seite 44) dazu.

Für 4 Portionen
45 Minuten

1 Pfanne (Ø 24 cm),
1 kleine Schüssel,
1 große Schüssel

300 g festkochende Kartoffeln
1–2 Zwiebeln (ca. 80 g)
100 ml Olivenöl
6 Eier (Größe M), zimmerwarm
1 TL Salz
¼ TL Pfeffer

1. Die Kartoffeln waschen, schälen und in 1 ½ cm große Würfel schneiden. Die Zwiebeln schälen und in dünne Ringe schneiden. In einer Pfanne das Olivenöl erhitzen und die Kartoffelwürfel ohne Deckel darin etwa 15 Minuten garen. Aus der Pfanne nehmen und auf einem mit Küchenpapier belegten Teller abtropfen lassen.

2. Die Hälfte des Olivenöls aus der Pfanne in ein kleines Schälchen gießen und beiseitestellen. Das verbliebene Öl nochmal erhitzen. Die Zwiebelringe hinzugeben und etwa 10 Minuten anbraten

3. Die Eier in eine Schüssel aufschlagen und mit Salz und Pfeffer würzen. Die Kartoffelwürfel und die Zwiebeln hinzugeben, vermengen und ein paar Minuten ziehen lassen.

4. In der Pfanne 1 EL des beiseitegestellten Öls bei mittlerer Temperatur erhitzen. Die Tortilla-Mischung in die Pfanne gießen und stocken lassen. Nach 6–8 Minuten die Tortilla wenden: Dazu einen großen Teller auf die Tortilla legen, die Tortilla darauf stürzen und langsam zurück in die Pfanne schieben. Die andere Seite für weitere 6–8 Minuten garen bzw. so lange, bis sie die gewünschte Konsistenz hat.

BUTLERS

Kohlrabi-Schnitzel

Ein Kohlrabi-Schnitzel ist ein toller Veggie-Ersatz, wenn die Schnitzelsehnsucht ruft, es aber fleischlos sein soll. Ich serviere sie am liebsten mit Kartoffelpüree, Preiselbeeren und einem grünen Salat. Sie passen aber auch prima zum Beispiel zum Gemüseauflauf (siehe Seite 81) oder zum Kartoffel-Brokkoli-Auflauf (siehe Seite 90).

Für 4 Personen
35 Minuten

1 Topf,
1 Sieb,
2 tiefe Teller,
1 große, beschichtete Pfanne

- 3 mittelgroße Kohlrabi
- Salz
- Pfeffer
- 2 Eier (Größe M)
- 1 EL Senf
- 60 g Mehl
- 100 g Paniermehl
- neutrales Pflanzenöl (z. B. Raps- oder Sonnenblumenöl)
- 4 Scheiben Zitrone zum Servieren

1. Etwa 1 ½ l Salzwasser in einem Topf zum Kochen bringen. In der Zeit die Kohlrabi schälen und in etwa 1 cm dicke Scheiben schneiden. 5 Minuten im siedenden Wasser blanchieren. Die Kohlrabischeiben in ein Sieb abgießen, auf Küchenpapier abtropfen lassen und beidseitig kräftig salzen und pfeffern.

2. In einem tiefen Teller die Eier, den Senf und auch das Mehl mit etwa 1 EL Wasser zu einer glatten Masse verrühren. Das Paniermehl in einen zweiten tiefen Teller geben. Die Kohlrabischeiben zuerst in der Ei-Mehl-Masse wenden und im Anschluss im Paniermehl. Dabei darauf achten, dass alles gut mit Paniermehl bedeckt ist.

3. In einer beschichteten Pfanne reichlich Pflanzenöl erhitzen und die panierten Kohlrabischeiben beidseitig 3–5 Minuten braten, bzw. bis sie schön braun und knusprig sind. Jeweils mit einer Scheibe Zitrone servieren.

Tipp: Verwende selbst gemachtes Paniermehl oder welches vom Bäcker, das macht die Schnitzelchen noch leckerer.

Eierragout

Ein perfektes Essen aus Omas Küche und beliebt bei Groß und Klein.
Es ist proteinreich, gesund und macht satt. Ich serviere hauptsächlich Salzkartoffeln dazu, die kann man so schön in der Soße zerdrücken.

Für 4 Portionen
45 Minuten

1 Topf,
1 Pfanne

8 Eier (Größe M)
1 Zwiebel
3 Möhren
30 g Butter
30 g Mehl
250 ml Gemüsebrühe
250 ml Milch
150 g Erbsen (TK)
2 EL Senf
1 TL Salz
½ TL Zucker
schwarzer Pfeffer aus der Mühle
1 Spritzer Zitronensaft
etwas Schnittlauch oder Petersilie zum Garnieren

1. Die Eier in kochendem Wasser in 8–9 Minuten hart kochen, abschrecken und pellen. Die Zwiebel und die Möhren schälen und in kleine Würfel schneiden. Die Butter in einer Pfanne erhitzen und die Zwiebel und die Möhren bei mittlerer Hitze darin 2–3 Minuten dünsten.

2. Das Mehl nach und nach hinzugeben und unter ständigem Rühren mit dem Schneebesen anschwitzen lassen, bis es leicht goldgelb ist und etwas aufwallt. Die Gemüsebrühe und die Milch (bei beiden egal ob warm oder kalt) unterrühren und aufkochen lassen. Die Erbsen unterrühren und 5–8 Minuten köcheln lassen. Mit Senf, Salz, Zucker, Pfeffer und Zitronensaft abschmecken.

3. Die Eier in Viertel schneiden, in der Soße warm werden lassen und nach Belieben einen Teil zum Servieren obendrauf verteilen. Die Kräuter waschen, trocken schütteln und fein hacken. Das Eierragout damit garnieren.

Tipp: Ich verwende gerne eine Auflaufform zum Servieren, da man die Tacos dort schön hineinstellen kann.

Mexikanische Tacos mit Sojahack

Die mexikanische Spezialität funktioniert wunderbar auch mit Sojahack und macht der ganzen Familie Freude. Die Sojahack-Gemüse-Masse kannst du ohne Weiteres auch in Tortillafladen füllen und so zum Burrito oder Enchilada abwandeln, letzteres wird noch mit Käse überbacken.

4 Portionen
25 Minuten

1 Sieb,
1 große Pfanne,
1 Küchenreibe

3 Frühlingszwiebeln
1 Knoblauchzehe
1 rote Paprikaschote
1 kleine Dose Kidneybohnen (125 g Abtropfgewicht)
1 kleine Dose Mais (140 g Abtropfgewicht)
2 EL Olivenöl
500 g Sojahack
1 Prise Salz
1 EL edelsüßes Paprikapulver
¼ TL Cayennepfeffer
½ TL gemahlener Kreuzkümmel
4 Tomaten
8 Taco Shells
100 g Cheddar
8 Blätter Eisbergsalat

1. Die Frühlingszwiebeln putzen, waschen und in Ringe schneiden. Den Knoblauch schälen und in feine Würfel schneiden. Die Paprikaschote waschen, entkernen und in Würfel schneiden. Die Kidneybohnen und den Mais in einem Sieb abtropfen lassen.

2. In einer großen Pfanne das Olivenöl erhitzen und das Sojahack darin krümelig und scharf anbraten. Mit Salz, Paprikapulver, Cayennepfeffer und Kreuzkümmel würzen und die Gewürze kurz mitdünsten. Die Frühlingszwiebeln, den Knoblauch, die Paprika, den Mais und die Kidneybohnen unterheben und 3 Minuten mitbraten.

3. Die Tomaten waschen, Strunk entfernen und in kleine Würfel schneiden, unterheben, nochmals nach Belieben abschmecken und warmhalten.

4. Die Taco Shells nach Packungsangabe erwärmen. Den Käse reiben. Den Salat waschen und trocknen. Jede Taco Shell mit 1 Salatblatt belegen, etwas von der Sojahack-Gemüse-Masse einfüllen und mit Käse bestreuen.

ESSEN

Pizza, Pasta, Reis und Co.

Spaghetti in Salbeibutter

Eine herrliche Sommerpasta, wenn du Salbei so sehr liebst wie ich. Wenn du ihn aus dem eigenen Garten ernten kannst, umso besser. Ich verwende so viele Blätter, damit das Salbeiaroma in der Butter auch deutlich zu schmecken ist.

Für 4 Portionen
15 Minuten

1 Topf,
1 große Pfanne,
1 Knoblauchpresse,
1 Küchenreibe

400 g Spaghetti
Salz
100 g Butter
25–30 frische Salbeiblätter
1 Knoblauchzehe
Parmesan
Meersalz
schwarzer Pfeffer aus der Mühle

1. Die Spaghetti nach Packungsangabe in reichlich Salzwasser al dente kochen. In der Zwischenzeit die Butter in einer großen Pfanne schmelzen lassen, die Salbeiblätter von den Stängeln zupfen, waschen, trocken schütteln und zur Butter geben. Bei niedriger Hitze (damit die Butter nicht braun wird) etwa 5 Minuten ziehen lassen. Zum Ende der Garzeit den Knoblauch schälen, dazupressen und so lange mitdünsten, bis er duftet.

2. Die Spaghetti mit einer Nudelzange direkt aus dem Topf tropfnass zur Salbeibutter geben. Das hält die Nudeln etwas feuchter. Den Parmesan reiben.

3. Auf Tellern anrichten, mit Meersalz und schwarzem Pfeffer aus der Mühle würzen und Parmesan darüberstreuen.

Spaghetti aglio e olio

Ein Rezept, das die faszinierende Schlichtheit der italienischen Küche nicht besser zeigen könnte. Wenige, hochwertige Zutaten zaubern ein echtes Veggie-Comfort-Food, das schnell und einfach gekocht ist und genauso lecker wie beim Italiener schmeckt.

Für 4 Portionen
20 Minuten

1 Topf,
1 große Pfanne,
1 Küchenreibe

500 g Spaghetti
Salz
30 g glatte Petersilie
3 frische, rote Peperoni (mild oder scharf)
5 Knoblauchzehen
Parmesan nach Belieben
125 ml natives Olivenöl extra
1 Prise Meersalz
schwarzer Pfeffer aus der Mühle

1. Die Spaghetti in reichlich kochendem Salzwasser nach Packungsangabe al dente kochen.

2. Die Petersilie waschen, trocken schütteln und (gerne auch mit Stiel) sehr fein hacken. Die Peperoni waschen, entkernen und ebenfalls fein würfeln. Den Knoblauch schälen und ebenfalls in feine Würfel schneiden. So viel Parmesan fein reiben, wie zum Servieren gewünscht ist.

3. In einer großen Pfanne bei mittlerer Hitze das Olivenöl erhitzen. Den Knoblauch unter Rühren andünsten, bis er duftet. Die Peperoni und die Petersilie dazugeben und sofort den Herd ausschalten. Mit Meersalz und Pfeffer nach Belieben abschmecken.

4. Die Spaghetti mit einer Nudelzange direkt aus dem Topf tropfnass in die Pfanne geben und alles gut miteinander vermengen. Die Pasta aglio e olio direkt auf Tellern verteilen und auf Wunsch mit frisch geriebenem Parmesan servieren.

Tipp: Ich empfehle dir die mittlere Spaghetti-Stärke mit 8–9 Minuten Kochzeit. Mit zu dünnen Spaghetti (z. B. mit 5 Minuten oder 3 Minuten Kochzeit), wird das Gericht zu trocken, die höhere Nudelmasse saugt die von mir angegebene Ölmenge nahezu auf.

Pilzrisotto

Risottos sind einfach geschaffen für die Veggie-Küche, denn sie sind immer eine leckere, sättigende Mahlzeit ohne zu großen Aufwand, ob mittags oder abends. Mein Pilzrisotto passt das ganze Jahr – es schmeckt cremig und samtig sowie aromatisch nach Pilzen.

Für 4 Portionen
40 Minuten

2 kleine Töpfe,
1 großer Topf,
1 Küchenreibe,
1 kleines Sieb

750 ml Gemüsebrühe
30 g getrocknete Steinpilze
150 g braune Champignons (alternativ Pfifferlinge oder Steinpilze)
1 Zwiebel (ca. 50 g)
3 EL Pflanzenöl (Raps- oder Sonnenblumenöl)
50 g Butter, Menge geteilt
250 g Risotto-Reis
75 g Parmesan
1 Prise Salz
¼ TL Pfeffer

1. Die Gemüsebrühe in einem kleinen Topf aufkochen und warmhalten. Die getrockneten Steinpilze in einem weiteren Topf etwa 5 Minuten in 300 ml kochendem Wasser einweichen. Die Champignons mit einem Küchenpapier trocken abreiben und in Würfel schneiden. Die Steinpilze abgießen, dabei das Einweichwasser durch ein kleines Sieb auffangen (es ist ohne Bedenken genießbar, weil es gekocht wird). Die Steinpilze klein schneiden. Die Zwiebeln schälen und in feine Würfel schneiden.

2. In einem weiten Topf 2 EL Pflanzenöl erhitzen und darin die Champignonwürfel etwa 3–5 Minuten scharf anbraten, aus dem Topf nehmen und beiseitestellen.

3. Im gleichen Topf 20 g Butter und 1 EL Pflanzenöl erhitzen und die Steinpilze gemeinsam mit den Zwiebeln bei mittlerer Hitze andünsten, bis die Zwiebeln glasig sind. Den Risotto-Reis hinzugeben und gründlich unterrühren, bis die Reiskörner gut mit Fett überzogen sind. Mit dem Steinpilz-Einweichwasser ablöschen und die Flüssigkeit nahezu komplett einkochen lassen.

4. Nun schöpflöffelweise die Gemüsebrühe in den Topf geben. Jeden Löffel unter ständigem Rühren einkochen lassen und erst dann die neue Flüssigkeit hinzugeben, wenn der Reis die vorherige Flüssigkeit aufgenommen hat. Den Reis auf diese Weise insgesamt etwa 30 Minuten garen. In der Zwischenzeit den Parmesan fein reiben.

5. Zum Schluss die gebratenen Champignons unterrühren. Die restliche Butter (30 g) und den Parmesan dazugeben und das Risotto mit dem Salz und dem Pfeffer abschmecken. Vor dem Servieren 2 Minuten ruhen lassen.

Tipp: Ein Risotto hat grundsätzlich immer denselben Rezeptaufbau, deshalb bist du an Veggie-Tagen damit total flexibel und kannst die Pilze zum Beispiel auch gegen Kirschtomaten, geriebene Möhren oder gemischtes Gemüse tauschen.

Kürbisrisotto

Auch ein leckeres, cremiges Risotto in einer herbstlichen Variante mit dem allzeit beliebten Hokkaido-Kürbis. Wenn Kinder mitessen, den Wein einfach weglassen und durch Gemüsebrühe ersetzen.

Für 4 Portionen
40 Minuten

1 Schüssel,
1 Backblech,
1 kleiner Topf,
1 Küchenreibe,
1 großer Topf

800 g Hokkaido-Kürbis
4 EL Pflanzenöl (Raps- oder Sonnenblumenöl)
1 Prise schwarzer Pfeffer aus der Mühle + etwas mehr zum Abschmecken
1 Prise Salz + etwas mehr zum Abschmecken
900 ml Gemüsebrühe
100 ml trockener Weißwein
1–2 kleine Zwiebeln (ca. 80 g)
1 Knoblauchzehe
75 g Parmesan
50 g Butter
250 g Risotto-Reis

1. Für den Hokkaido-Kürbis den Backofen auf 180 °C (Umluft 160 °C) vorheizen. Den Hokkaido-Kürbis gut abwaschen, trocknen, entkernen und in etwa 1 cm große Würfel schneiden. Die Würfel in eine Schüssel geben und mit 3 EL Pflanzenöl sowie je einer guten Prise Pfeffer und Salz vermengen. Die Kürbiswürfel gleichmäßig auf einem mit Backpapier belegtem Backblech verteilen und im vorgeheizten Backofen auf der mittleren Schiene etwa 15 Minuten garen.

2. Die Gemüsebrühe in einem kleinen Topf aufkochen und warmhalten. Den Weißwein bereitstellen. Die Zwiebeln und den Knoblauch schälen und in Würfel schneiden. Den Parmesan fein reiben.

3. In einem weiteren großen Topf 20 g Butter und 1 EL Pflanzenöl erhitzen und die Zwiebeln und den Knoblauch auf kleiner Stufe glasig dünsten. Den Risotto-Reis hinzugeben und die Reiskörner schnell und gründlich unterrühren, bis sie gut mit Fett überzogen sind. Mit dem Weißwein ablöschen und diesen vollständig verkochen lassen.

4. Nun schöpflöffelweise die warme Gemüsebrühe in den Topf geben. Jede Schöpflöffelmenge (je nach Größe etwa 100 ml) bei mittlerer Hitze unter ständigem Rühren einkochen lassen, d. h. die neue Flüssigkeit kommt erst hinzu, wenn der Reis die vorherige Flüssigkeit aufgenommen hat. Den Reis in etwa 30 Minuten gar kochen, bis das Risotto schön cremig ist.

5. Den Parmesan mit 30 g Butter unterrühren und die Kürbiswürfel unter den Reis heben. Mit Salz und Pfeffer nach Belieben abschmecken. Das Kürbisrisotto noch 2 Minuten ruhen lassen und dann servieren.

Tipp: Du kannst natürlich auch das Quinotto nach Herzenslust abwandeln. Einfach anderes Gemüse verwenden, das du gerade im Gemüsefach hast. Wurzelgemüse immer sehr klein würfeln oder hobeln.

Quinotto – Quinoa-Risotto mit Gemüse

Ein Risotto ganz anderer Art, mit dem Superfood Quinoa, das gerne auch als Inkareis bezeichnet wird. Es punktet mit einem hohen Nährstoffgehalt und ergänzt mit viel Gemüse ist es nicht nur bunt, sondern doppelt gesund.

Für 4 Portionen
35 Minuten

1 Sieb,
1 Topf mit Deckel,
1 Küchenreibe

200 g Quinoa
200 g Möhren
200 g rote Paprikaschote
100 g Zwiebeln (ca. 1–2 Stück)
100 g Frühlingszwiebeln
2 EL Olivenöl
500 ml Gemüsebrühe
100 g Parmesan
2 EL Zitronensaft
Salz
schwarzer Pfeffer aus der Mühle

1. Die Quinoa in einem Sieb mit heißem Leitungswasser waschen, um die Bitterstoffe zu entfernen, gut abtropfen lassen. Das Gemüse vorbereiten: Die Möhren waschen, schälen und in kleine Würfel schneiden. Die Paprikaschoten waschen, entkernen und ebenfalls in kleine Würfel schneiden. Die Zwiebeln schälen und fein würfeln. Die Frühlingszwiebeln waschen, putzen und mit Grün in feine Ringe schneiden (für die Deko etwas beiseitestellen).

2. In einem Topf das Olivenöl erhitzen und die Zwiebeln darin etwa 1 Minute andünsten. Das restliche Gemüse (Möhren, Paprika und Frühlingszwiebeln) dazugeben und alles gemeinsam weitere 3 Minuten dünsten.

3. Die Quinoa dazugeben und kurz mit andünsten. Alles mit der Gemüsebrühe ablöschen und kurz aufkochen. Mit Deckel bei schwacher Hitze 20 Minuten köcheln lassen. Nach 10 Minuten einmal umrühren. In der Zwischenzeit den Parmesan fein reiben.

4. Zuletzt den Parmesan unter das Quinotto rühren, mit Zitronensaft, Salz und Pfeffer nach Belieben abschmecken und rühren, bis das Quinotto schön sämig ist. Mit den beiseitegestellten Frühlingszwiebeln garnieren.

Frühlingspasta mit grünem Spargel

Meine frühlingshafte Pastavariante ist einfach und überschaubar in den Zutaten und steht in 25 Minuten auf dem Tisch. Statt Weißwein in der Soße kannst du auch Brühe und einen Spritzer Zitronensaft verwenden.

Für 4 Portionen
25 Minuten

1 Topf,
1 Küchenreibe,
1 große Pfanne,
1 Sieb

400 g Pasta (z. B. Farfalle)
Salz
500 g grüner Spargel
1 Bund Frühlingszwiebeln
2 Knoblauchzehen
150 g Parmesan
40 g Butter
100 ml trockener Weißwein (alternativ 100 ml Brühe mit 1 TL Zitronensaft)
300 g Sahne
schwarzer Pfeffer aus der Mühle
20 g Bärlauch zum Servieren (nach Belieben)

1. Die Nudeln in reichlich kochendem Salzwasser nach Packungsangabe al dente garen und in einem Sieb abgießen. In der Zwischenzeit die holzigen Enden des Spargels abschneiden (nach Belieben den unteren Teil zusätzlich schälen) und den Spargel in 1 cm lange Stücke schneiden. Die Frühlingszwiebeln waschen und bis zum hellen Grün in Ringe schneiden. Die Knoblauchzehen entweder schälen oder mit der flachen Seite eines Messers andrücken. Den Parmesan reiben.

2. Die Butter in einer großen Pfanne erhitzen, den Spargel, die Frühlingszwiebeln sowie die beiden Knoblauchzehen hineingeben und etwa 5 Minuten bei mittlerer Hitze dünsten. Die Knoblauchzehen aus der Pfanne nehmen, den Spargel und die Frühlingszwiebeln mit dem Weißwein ablöschen und etwa 3 Minuten einkochen lassen.

3. Die Sahne zum Spargel in die Pfanne gießen, etwa 30 Sekunden köcheln lassen und den Parmesan unterrühren, bis er geschmolzen ist, die Soße nicht mehr aufkochen lassen, sonst klumpt der Parmesan. Mit Salz und Pfeffer abschmecken. Nach Belieben den Bärlauch waschen, trocken schütteln und fein schneiden. Die Nudeln mit der Soße und dem Bärlauch (falls verwendet) servieren.

Pizzateig mit einfachem Tomatensugo

Dieser Teig ist absolut kein klassischer italienischer Pizzateig und hat nichts mit der zugehörigen Philosophie zu tun. Er ist aber nicht nur lecker, sondern unkompliziert, wunderbar zu verarbeiten und absolut gelingsicher im Kochalltag. Dazu lässt er sich ohne Probleme für ein paar Tage im Kühlschrank aufbewahren und prima einfrieren.

Für 4 Portionen
20 Minuten
1 Stunde ruhen

1 kleiner Topf oder 1 mikrowellengeeigneter Behälter, 1 große Schüssel, 1 Handrührgerät, 1 kleine Schüssel, 2 Backbleche (ca. 39 × 34 cm)

Für den Teig:
90 g Butter
250 ml sehr kaltes Wasser
21 g Frischhefe (alternativ 1 Pck. Trockenhefe, 7 g)
500 g Mehl
1 TL Salz

1. Für den Teig die Butter auf dem Herd oder in der Mikrowelle in einem kleinen Behälter bei sehr geringer Hitze schmelzen. 250 ml sehr kaltes Wasser hineinrühren und darin die Hefe auflösen. Auf diese Art hat sie die idealen Wärmebedingungen. Das Mehl in einer großen Schüssel mit dem Salz vermengen, das Butter-Hefe-Gemisch hineingießen und 3–5 Minuten mit den Händen oder dem Handrührgerät zu einem glatten Teig verkneten. Zu einer runden Kugel formen, mit etwas Mehl bestäuben, mit einem Küchenhandtuch abdecken und etwa 1 Stunde gehen lassen. Das Teigvolumen sollte sich ungefähr verdoppeln.

2. Für das Tomatensugo in einer kleinen Schüssel die passierten Tomaten mit Zucker, Oregano, Salz und Pfeffer verrühren und nach Belieben weiter abschmecken.

3. Den Teig halbieren und auf der bemehlten Arbeitsfläche jeweils auf Backblechgröße ausrollen. Auf das eingefettete oder mit Backpapier belegte Blech legen, mit dem Sugo bestreichen und nach Herzenslust belegen.

4. Den Backofen auf 220 °C (Umluft 200 °C) vorheizen und die Pizzableche nacheinander auf der mittleren Schiene etwa 10–15 Minuten backen. Die Backzeit kann je nach Teigdicke und Belag variieren.

Für das Tomatensugo:
250 g passierte Tomaten
1 TL Zucker
1 TL Oregano
½ TL Salz
1 Prise schwarzer Pfeffer aus der Mühle
Belag nach Belieben

Tipp: Bei Hefe besonders auf das Haltbarkeitsdatum achten. Wenn sie abgelaufen ist, arbeitet sie nicht mehr so gut. Auch wenn sie zu heiß geworden ist, verliert sie ihre Triebkraft. Über 40 °C sterben die Hefepilze.

Fladenbrot-Pizza »Napoletana«

In jedem Brotregal im Lebensmitteleinzelhandel findest du bereits gebackene Fladenbrote. Die Fladenbrot-Pizza ist ein herrlicher Familienspaß, der nach einem langen Tag ruckzuck einen Pizzagenuss der anderen Art beschert. Der Belag kann natürlich nach Belieben variiert werden – wie bei einer Hefeteig-Pizza.

Für 4 Portionen
10 Minuten
15 Minuten backen

1 Backblech,
1 kleine Schüssel

1 Pide-Fladenbrot aus dem Brotregal (alternativ 2 Pinsa-Fladenbrote aus dem Brot- oder Kühlregal)
250 g passierte Tomaten
1 TL Zucker
1 TL Oregano
½ TL Salz
1 Prise schwarzer Pfeffer aus der Mühle
2–3 Rispen- oder Flaschentomaten
250 g Mozzarella (Abtropfgewicht)
4 Stiele Basilikum
Meersalz (nach Belieben)

1. Den Backofen auf 200 °C (Umluft 180 °C) vorheizen. Das Pide-Fladenbrot mit einem großen Brotmesser auseinander schneiden und beide Hälften mit der Schnittfläche nach oben auf ein mit Backpapier belegtes Backblech legen.

2. Für das Sugo in einer kleinen Schüssel die passierten Tomaten mit Zucker, Oregano, Salz und Pfeffer verrühren und nach Belieben weiter abschmecken. Die beiden Brothälften damit gleichmäßig bestreichen.

3. Die Tomaten waschen, trocknen, den Strunk entfernen, in beliebig dicke Scheiben schneiden und ebenfalls auf dem Brot verteilen. Den Mozzarella abgießen und in Scheiben geschnitten oder gezupft über die beiden Brothälften verteilen. Im vorgeheizten Backofen auf der mittleren Schiene etwa 15–20 Minuten backen, bis der Käse zerlaufen ist und die gewünschte Bräunung hat.

4. Das Basilikum waschen, trocken schütteln und die fertige Fladenbrot-Pizza damit garnieren. Nach Belieben mit Meersalz bestreut servieren.

Pizzakuchen

Der Hit auf jeder Party – für kleine oder große Gäste. Die herzhafte Mischung aus Pizza und Brot kann nach Herzenslust und Pizzavorlieben abgewandelt werden und schmeckt warm oder kalt. Als Hauptgericht eingesetzt, serviere ich gerne einen gemischten Salat dazu.

Für 4–6 Portionen
20 Minuten
35 Minuten backen

1 Springform (Ø 26 cm),
1 Sieb,
1 Küchenreibe,
1 große Schüssel,
1 Handrührgerät

Butter für die Form
100 g Paprikaschoten
100 g Champignons
1 kleine Dose Mais (140 g Abtropfgewicht)
200 g Gouda
50 g Parmesan
3 Eier (Größe M)
250 ml Milch
190 g Mehl
1 TL italienische Kräuter
1 TL Salz
1 Msp. schwarzer Pfeffer aus der Mühle

1. Den Backofen rechtzeitig auf 180 °C (Umluft 160 °C) vorheizen. Den Boden der Springform mit Backpapier auslegen, den Rand mit etwas Butter einfetten.

2. Die Paprikaschoten waschen, entkernen und in kleine Würfel schneiden. Die Champignons mit einem Küchenpapier trocken abreiben und ebenfalls in kleine Würfel schneiden. Den Mais in einem Sieb abtropfen lassen. Den Gouda und den Parmesan fein reiben.

3. In einer großen Schüssel die Eier verquirlen, die Milch hineingießen, das Mehl sowie die italienischen Kräuter, Salz und Pfeffer dazugeben. Mit dem Handrührgerät glattrühren.

4. Das vorbereitete Gemüse und den Käse unter den Teig rühren und die Masse gleichmäßig in der Springform verteilen. Den Pizzakuchen im vorgeheizten Backofen auf der mittleren Schiene etwa 35–40 Minuten backen, bis er oben schön goldgelb ist.

Bunte Bowl mit Erdnusssoße

Gesund, wandelbar, lecker: Das ist eine Bowl – einfach perfekt als vegetarisches Essen. Im Grunde genommen kannst du alles an Gemüse verwenden, was dein Gemüsefach so hergibt. Unverzichtbar ist aus meiner Sicht eine leckere Soße und der warme Reis, der das Ganze zu einem sättigenden, wohligen Essen abrundet.

Für 4 Portionen
25 Minuten

1 Topf, 1 Küchenreibe, 1 kleine Schüssel, 1 Pürierstab, 1 Kännchen

250 g Jasminreis
150 g Edamame (TK)
1 Salatgurke
200 g Möhren
150 g Rotkohl
1 Bund Frühlingszwiebeln
1 Avocado
1 EL gehackte Erdnüsse

Für die Erdnusssoße:
80 g Erdnussbutter
1 EL Sojasoße
1 TL Zitronensaft
1 TL Agavendicksaft
¼ TL Salz
schwarzer Pfeffer aus der Mühle

1. Den Reis nach Packungsangabe kochen. Die Edamame nach Packungsangabe zubereiten.

2. Die Gurke waschen, längs aufschneiden, die Kerne mit einem Löffel auskratzen und in kleine Würfel schneiden. Die Möhren waschen, schälen und grob reiben. Den Rotkohl putzen, vierteln, den Strunk entfernen und grob reiben. Die Frühlingszwiebeln putzen, waschen und in feine Ringe schneiden. Die Avocado halbieren, den Kern mit einem Löffel entfernen, das Fruchtfleisch aus der Schale löffeln und in lange dünne Scheiben schneiden. Alle Zutaten der Länge nach in tiefe Teller schichten. Die Erdnüsse hacken und auf der Bowl verteilen.

3. Für die Erdnusssoße alle Zutaten mit 100 ml Wasser in einer kleinen Schüssel mit dem Pürierstab vermengen und am besten separat in einem Kännchen dazu reichen.

Tipp: Zu einer Bowl passt als Allrounder-Soße statt einer Erdnusssoße auch eine Teriyakisoße sehr gut. Mit beiden bist du immer gut bedient.

Quiches und Tartes

Bunte Gemüsequiche

Die bunte Quiche punktet mit viel mediterranem Gemüse und schmeckt so richtig sommerlich.
Aber auch hier kannst du natürlich Gemüse-wechsle-dich spielen.
Zudem ist sie mit einem gekauften Quicheteig besonders schnell fertig.

Für 4 Portionen
20 Minuten
40 Minuten backen

1 Quicheform
(Ø 28 cm),
1 Pfanne,
1 Küchenreibe,
1 Schüssel

Butter für die Form
1 fertiger Quiche- und Tarteteig (ca. 300 g, aus dem Kühlregal)

Für den Belag:
1 Aubergine (ca. 250 g)
1 Zwiebel
2 Knoblauchzehen
1 Zucchini (ca. 250–300 g)
1 rote Paprikaschote (ca. 150–200 g)
250 g Kirschtomaten
2 Zweige Rosmarin
2 Zweige Thymian
4 EL Olivenöl, Menge geteilt
Salz
schwarzer Pfeffer aus der Mühle

1. Den Backofen rechtzeitig auf 180 °C (160 °C Umluft) vorheizen. Die Quicheform einfetten und mit dem Teig auslegen. Überstehenden Teig am Rand abschneiden. Mit einer Gabel ein paar mal einstechen. Etwa 10 Minuten im Backofen vorbacken, aus dem Ofen nehmen und beiseitestellen.

2. Das Gemüse für den Belag vorbereiten: Die Aubergine waschen, Strunk abschneiden und in etwa 1 cm große Würfel schneiden. Die Zwiebel und den Knoblauch schälen und in feine Würfel schneiden. Die Zucchini waschen und in Würfel schneiden. Die Paprikaschote waschen, entkernen und in Würfel schneiden. Die Kirschtomaten waschen und halbieren. Die Kräuter waschen, trocken schütteln, die Blätter abzupfen und fein hacken.

3. In einer Pfanne 2 EL Olivenöl erhitzen und die Auberginen etwa 5 Minuten bei großer Hitze kräftig anbraten. Aus der Pfanne nehmen und beiseitestellen.

4. Nochmals 2 EL Olivenöl in derselben Pfanne erhitzen und die Zwiebeln darin glasig dünsten. Den Knoblauch kurz dazugeben, bis er leicht duftet. Die Zucchini und die Paprika in die Pfanne geben und alles zusammen nochmal 5 Minuten dünsten. Zuletzt die gebratenen Auberginenwürfel, die Kirschtomaten und die Kräuter unterheben und kräftig mit Salz und Pfeffer würzen. Die Pfanne vom Herd nehmen, damit das Gemüse ausdampfen kann.

Tipp: Ein Rezept für einen salzigen Mürbeteig findest du übrigens auf meinem Blog.

Für den Guss

100 g Emmentaler
3 Eier (Größe L)
150 g Kräuter-Crème-fraîche
100 g Sahne
Salz
schwarzer Pfeffer
aus der Mühle
frisch geriebene Muskatnuss

5. Für den Guss den Emmentaler reiben. Die Eier mit der Crème fraîche, der Sahne sowie dem Emmentaler in einer Schüssel vermengen. Mit Salz, Pfeffer und Muskatnuss würzen. Das Gemüse aus der Pfanne gleichmäßig auf dem vorgebackenen Teig in der Form verteilen. Den Guss gleichmäßig darüber verteilen und im vorgeheizten Ofen auf der zweiten Schiene von unten etwa 40 Minuten backen. Nach dem Backen ein paar Minuten ruhen lassen. Die Gemüsequiche schmeckt lauwarm oder kalt. Dazu passt ein frischer Blattsalat.

Weiße-Käse-Quiche mit Croissantboden

Wenn du vom Frühstück einmal viele Croissants übrig hast und sie nicht einfrieren möchtest, verwende sie für diese köstliche Quiche. Die weiteren Zutaten dafür hast du bestimmt im Vorrat oder schnell gekauft.

Für 4 Portionen
20 Minuten
25 Minuten backen

1 Quiche-/Tarteform (Ø 26 cm),
1 Handrührgerät,
1 Multizerkleinerer,
2 große Schüsseln

Butter oder Öl für die Form
200 g altbackene Croissants (ca. 3 Stück)
100 g Weizenmehl (Type 405) oder Dinkelmehl (Type 630)
1 TL Salz
50 g Sahnejoghurt (10 % Fett)
1 Ei (Größe L)

1. Den Backofen rechtzeitig auf 180 °C Umluft vorheizen. Die Form einfetten. Die Croissants in einem Multizerkleinerer so fein wie möglich zerkleinern und in eine Schüssel geben. Die Croissant-Brösel mit dem Mehl, dem Salz, dem Joghurt, 50 ml Wasser und dem Ei mit einem Handrührgerät vermengen.

2. Den Teig auf eine stark bemehlte Arbeitsfläche geben. Gegebenenfalls noch etwas Mehl mit den Händen hineinkneten, falls er etwas zu klebrig ist. Ist der Teig zu trocken, einfach mit etwas Wasser anreichern. Den Teig mit einem Nudelholz in der Größe der Form ausrollen. In die Form legen, mit der Gabel mehrmals einstechen, überstehenden Teig am Rand abschneiden und etwa 12 Minuten im vorgeheizten Ofen auf der mittleren Schiene vorbacken.

3. In der Zwischenzeit für den Belag in einer Schüssel mit den Quirlen des Handrührgeräts den Sahnejoghurt mit den Eiern und der Sahne verrühren. Kräftig mit Salz, Pfeffer und Muskatnuss würzen. Den Schafkäse und den Hirtenkäse zerbröseln oder in Würfel schneiden.

Für den Belag
100 g Sahnejoghurt (10 % Fett)
4 Eier (Größe L)
50 g Sahne
Salz
schwarzer Pfeffer aus der Mühle
frisch geriebene Muskatnuss
200 g Schafskäse
200 g Hirtenkäse
(aus Kuhmilch)
1 EL frische oder getrocknete
Oreganoblättchen

4. Den vorgebackenen Boden aus dem Ofen holen, die Joghurt-Sahne-Mischung darauf verteilen, darauf die Käsewürfel geben und mit dem Oregano bestreuen. Die Weiße-Käse-Quiche etwa 25 Minuten auf der mittleren Schiene im Ofen zu Ende backen.

Tipp: Als Alternative für den Boden bieten sich Blätter- oder Mürbeteig an – aus dem Kühlregal oder selbst gemacht. Ein Rezept für einen salzigen Mürbeteig findest du übrigens auf meinem Blog.

Tomaten-Tarte-Tatin

Die schnelle und bunte Tarte Tatin aus Blätterteig und Kirschtomaten wird kopfüber gebacken und danach gestürzt – das ist toll für die Aromen, die Saftigkeit und die Optik.

Für 4 Portionen
15 Minuten
20 Minuten backen

1 große Pfanne,
1 Tarte- oder Quicheform (Ø 26 cm)

1 Pck. Blätterteig (ca. 270 g, aus dem Kühlregal, idealerweise rund)
600 g Kirschtomaten
40 g Butter
1 gestr. EL Zucker
Salz
schwarzer Pfeffer aus der Mühle
2 TL getrockneter Oregano
1–2 EL weißer oder dunkler Balsamicoessig
2–3 Zweige frischer Oregano zum Verzieren

1. Den Backofen rechtzeitig auf 200 °C (Umluft 180 °C) vorheizen und den Blätterteig bereitlegen. Die Kirschtomaten waschen und halbieren.

2. In einer großen Pfanne unter Rühren die Butter und den Zucker schmelzen, bis die Mischung eine schöne braune Farbe hat. Die Kirschtomaten unterheben und 5 Minuten schmoren, bis sie weich werden und Saft abgeben. Mit Salz, Pfeffer, Oregano und Balsamicoessig abschmecken.

3. Die geschmorten Kirschtomaten mit dem kompletten Saft der Tomaten in die Quicheform geben. Den Blätterteig gerafft über die Tomaten legen und am Rand auf den Boden der Form drücken. Das muss nicht akkurat sein. Den Blätterteig bei Bedarf zurechtschneiden. Mit einer Gabel ein paar Mal in den Blätterteig stechen. Im vorgeheizten Backofen auf der mittleren Schiene etwa 20 Minuten goldbraun backen.

4. Nach dem Backen die Auflaufform vorsichtig aus dem Ofen nehmen, einen großen flachen Teller darauflegen und die Tarte mit Hilfe von Ofenhandschuhen oder Topflappen stürzen, sodass unten jetzt oben ist. Nach Belieben mit frischem Oregano garnieren.

Birnen-Tarte mit Ziegenkäse, Walnuss und Honig

Die Tarte eignet sich perfekt für Gäste, ob als Vorspeise oder kleiner Snack. Das geschmackliche i-Tüpfelchen ist der Feigensenf, der hervorragend mit Käse harmoniert. Du bekommst ihn in jedem gut sortierten Supermarkt im Senfregal.

Für 4 Portionen
10 Minuten
25 Minuten backen

1 Tarteform (Ø 24–26 cm, rund oder rechteckig), 1 Küchenreibe

- 1 fertiger Quiche- und Tarteteig (300 g/270 g) aus dem Kühlregal
- Butter für die Form
- 3–4 EL Feigensenf
- 1 Birne (z. B. die Sorte Conference)
- 150 g Ziegenweichkäse (Rolle)
- 8 Walnusskerne
- 2–3 EL Thymianblättchen

1. Den Backofen rechtzeitig auf 200 °C (Umluft 180 °C) vorheizen. Den Teig aus dem Kühlschrank holen und aus der Packung nehmen. Eine Tarteform mit Butter einfetten und mit dem gekauften oder selbstgemachten Teig auslegen. Mit einer Gabel ein paar Mal einstechen. Am Rand überstehenden Teig entfernen.

2. Den Tarteboden gleichmäßig mit dem Feigensenf bestreichen. Die Birne waschen, trocknen und in 2–3 mm dünne Scheiben hobeln oder schneiden und diese halbieren (dabei das Kerngehäuse entfernen). Die Ziegenkäserolle in 3–5 mm dicke Scheiben schneiden. Die Birnen und den Käse im Wechsel einschichten. Die Walnusskerne hacken und darauf verteilen. Die Thymianblättchen waschen, trocken tupfen und ebenfalls darüberstreuen.

3. Die Tarte im vorgeheizten Backofen auf der mittleren Schiene etwa 25–30 Minuten backen und direkt servieren.

Tipp: Du kannst die Tarte vor dem Backen noch mit etwas zart fließendem Honig beträufeln. Ein Rezept für einen salzigen Mürbeteig findest du übrigens auf meinem Blog.

Alpengerichte

Tipp: Falls du die Spätzle selbst machen möchtest, findest du dafür ein Rezept auf meinem Blog.

Käsespätzle mit Röstzwiebeln

Ein Rezept für cremige Käsespätzle in der Pfanne mit frisch gemachten Röstzwiebeln ist ein »Must have« in der Alpenküche. Das Gericht lebt vom Käse, und je kräftiger er im Geschmack ist, umso leckerer wird das Ergebnis.

Für 4 Portionen
30 Minuten

1 Topf,
1 Sieb,
1 kleine Schüssel,
1 sehr große Pfanne mit Deckel,
1 Küchenreibe

1 kg Spätzle (aus dem Kühlregal oder selbst gemacht)
300 g Zwiebeln
3 EL Mehl
50 g Butterschmalz
1 Prise Salz + etwas mehr zum Abschmecken
250 g würziger Bergkäse (z. B. Greyerzer, Appenzeller, Emmentaler)
75 g Sahne
1 Prise Muskatnuss
½ Bund Schnittlauch zum Garnieren

1. Die Spätzle in einem Topf nach Packungsangabe in kochendem Salzwasser zubereiten. In ein Sieb abgießen und beiseitestellen. Die Zwiebeln schälen, halbieren und in feine Halbringe schneiden. In einer kleinen Schüssel mit dem Mehl vermengen.

2. Das Butterschmalz in einer sehr großen Pfanne zerlassen und die bemehlten Zwiebelringe auf mittlerer bis hoher Stufe darin anbraten, bis sie schön goldbraun sind (das braucht etwas Geduld!). Dabei leicht salzen. In der Zwischenzeit den Bergkäse grob reiben.

3. Die Zwiebelringe aus der Pfanne nehmen und auf etwas Küchenpapier abtropfen lassen. Die Temperatur der Herdplatte reduzieren und die Sahne in die Pfanne geben. Mit je 1 Prise Salz, Pfeffer und Muskatnuss würzen.

4. Die fertigen Spätzle in die Pfanne geben und mit der Sahne vermengen. Den Käse darüberstreuen und unterrühren. Den Deckel auf die Pfanne legen, bis der Käse komplett geschmolzen ist bzw. Fäden zieht.

5. Den Schnittlauch waschen, trocken schütteln und in feine Röllchen schneiden. Die Käsespätzle mit den Röstzwiebeln und frischem Schnittlauch servieren.

Spinatknödel

Für die Knödel kannst du tiefgekühlten Blattspinat verwenden und sie somit ganzjährig zubereiten. Sie eignen sich ganz hervorragend als Teil eines Veggie-Gerichts, zum Beispiel mit meinem Pilzragout (siehe Seite 101).

Für 4 Portionen (7–8 Spinatködel)
35 Minuten

2 große Töpfe, 1 Sieb, 1 große Schüssel, 1 kleiner Topf

- 500 g Blattspinat (TK)
- 4 Brötchen vom Vortag (ca. 240 g)
- 1 Zwiebel
- 1 EL Butter
- 125 ml Milch
- 1 TL Salz
- 1 Msp. Pfeffer
- 1 Msp. frisch geriebene Muskatnuss
- 3 EL frisch geriebener Parmesan (ca. 10 g, alternativ Bergkäse)
- 3 EL Paniermehl
- 2 Eier (Größe M)

1. Den TK-Blattspinat bei Zimmertemperatur auftauen lassen. Mit den Händen fest ausdrücken, damit er so viel Wasser wie möglich verliert. Fein schneiden. Alternativ den Spinat in einem Topf mit 100 ml Wasser 3–5 Minuten dünsten, in ein Sieb abgießen, abkühlen lassen und fest ausdrücken.

2. Die altbackenen Brötchen in etwa 1 cm große Würfel schneiden und in eine große Schüssel geben. Die Zwiebel schälen und in feine Würfel schneiden. In einem kleinen Topf die Butter zerlassen und die Zwiebeln glasig dünsten. Die Milch dazugießen und mit Salz, Pfeffer und Muskatnuss würzen und kurz heiß werden lassen.

3. Die heiße Milch-Masse über die Brötchenwürfel gießen. Den Parmesan, das Paniermehl, den Spinat sowie die Eier hinzugeben und alles gut vermengen. Falls der Teig zu weich erscheint, mehr Paniermehl dazugeben. Ist er zu trocken, etwas Milch hinzufügen.

4. In einem sehr großen Topf Salzwasser erhitzen. In der Zwischenzeit mit nassen Händen die Spinatknödel in gewünschter Größe formen. Am besten erst einen Testknödel formen und sieden lassen. Fällt der Knödel auseinander, mehr Paniermehl einarbeiten. Den Testknödel probieren und die Masse nach Bedarf nochmals abschmecken. Ist der Testknödel gut, die restlichen Knödel formen und im siedenden Wasser etwa 15 Minuten ziehen lassen – das Wasser darf nicht kochen!

Tipp: Meiner Erfahrung nach ist die Bäckerqualität der Brötchen wichtig. Manche haben leider produktionsbedingt keine gute Beschaffenheit, die Brötchenwürfel blähen sich regelrecht im Wasser auf und können die Knödel zerfallen lassen.

Klassische Semmelknödel

Auch für diese Knödel-Sorte brauchst du altbackene Brötchen in guter Bäckerqualität. Wenn du also noch alte Brötchen vom Vortag übrig hast, verwende sie mit wenigen weiteren Zutaten für die Zubereitung dieses leckeren Klassikers.

Für 4 Portionen
(7–8 Stück)
40 Minuten

1 Schüssel,
1 kleine Pfanne,
1 kleiner Topf,
1 großer Topf

4 Weizenbrötchen vom Vortag (ca. 60 g pro Brötchen)
1 TL Salz + etwas mehr zum Abschmecken
1 große Zwiebel
30 g Blattpetersilie
2 EL Butter
150 ml Milch
2 Eier (Größe M)
schwarzer Pfeffer aus der Mühle
Semmelbrösel/Paniermehl (am besten vom Bäcker oder selbst gemacht)

1. Die Brötchen in kleine Würfel schneiden, in eine Schüssel geben und mit dem Salz vermischen. Die Zwiebeln schälen und fein würfeln. Die Petersilie waschen, trocken schütteln und fein hacken. Die Butter in einer kleinen Pfanne zerlassen und die Zwiebeln mit der Petersilie darin kurz andünsten. Die Milch in einem kleinen Topf erwärmen, aber nicht aufkochen.

2. Das Zwiebel-Petersilien-Gemisch sowie die warme Milch zu den Brötchenwürfeln in die Schüssel geben. Alles vermengen und 10 Minuten ziehen lassen.

3. Einen großen Topf mit reichlich Salzwasser aufsetzen. Die Eier verquirlen und zu der Brotwürfelmasse hinzufügen. Nochmals etwas Salz und Pfeffer dazugeben. Mit den Händen kräftig zu einer formbaren Masse verkneten. Ist die Masse zu weich, etwas Paniermehl unterheben. Ist sie zu trocken, etwas Milch hinzufügen.

4. Am besten erst mit nassen Händen einen Testknödel formen und sieden lassen. Fällt der Knödel auseinander, Paniermehl einarbeiten. Den Testknödel probieren und die Masse nach Bedarf nochmals abschmecken. Ist der Testknödel gut, die restlichen Knödel formen und im siedenden Wasser etwa 20 Minuten gar ziehen lassen – das Wasser darf nicht kochen!

Krautfleckerl

Krautfleckerl sind ein Klassiker aus der österreichischen Küche. Ein köstliches, unaufdringliches Wohlfühlessen, das mit wenigen Zutaten auskommt, vor allem mit gesundem Kraut.

Für 4 Portionen
30 Minuten

2 große Töpfe
mit Deckel

- 800 g Weiß- oder Spitzkohl
- 2 Zwiebeln
- 50 g Butterschmalz
- 2 EL brauner Zucker
- 125 ml Gemüsebrühe
- 1 EL Balsamicoessig (alternativ Apfelessig)
- 1 gute Prise gemahlener Kümmel
- 1 TL Salz
- 1 Prise schwarzer Pfeffer aus der Mühle
- 350 g Fleckerlnudeln oder kurze Bandnudeln
- 1 EL Crème fraîche
- gehackte Petersilie zum Garnieren

1. Den Weißkohl putzen, vierteln, den Strunk entfernen und den Kohl in etwa 2 cm große Stücke (»Fleckerl«) schneiden. Die Zwiebeln schälen und in feine Würfel schneiden.

2. In einem großen Topf das Butterschmalz erhitzen und die Zwiebelwürfel mit dem Zucker darin bei mittlerer Hitze 2 Minuten andünsten. Mit der Gemüsebrühe ablöschen und den Essig sowie Kümmel, Salz und Pfeffer unterrühren. Das Kraut unterheben und mit Deckel etwa 10–15 Minuten schmoren lassen, bis das Kraut weich ist. Dabei öfter umrühren.

3. In der Zwischenzeit die Nudeln in reichlich kochendem Salzwasser nach Packungsangabe kochen. Nach dem Abgießen direkt aus dem Topf tropfnass zum Kraut geben und sorgfältig damit mischen sowie nach Belieben abschmecken.

4. Zum Servieren Crème fraîche und etwas gehackte Petersilie reichen.

Tipp: Nach Belieben noch mit edelsüßem Paprikapulver abschmecken.

STAUB

Älplermagronen

Eine Spezialität aus den Schweizer Alpen. Das Rezept besteht aus Makkaroni, Kartoffeln sowie einer deftigen Käsesoße. Dazu werden traditionell Röstzwiebeln und Apfelmus (siehe Seite 43) serviert. Für mich als Käse-Fan ein leckeres Comfort-Food, das mich von der Bergwelt träumen lässt.

Für 4 Portionen
35 Minuten

1 großer Topf,
1 Sieb,
1 kleine Schüssel,
1 Pfanne,
1 kleiner Topf,
1 Küchenreibe

300 g festkochende Kartoffeln
Salz
400 g Makkaroni oder Hörnchen-Nudeln (Kochzeit 7–8 Minuten)
3 Zwiebeln
3 EL Mehl
2 EL Butterschmalz
250 g Sahne
250 g Gruyère (oder anderer Bergkäse)
1 Prise schwarzer Pfeffer aus der Mühle
frisch geriebene Muskatnuss
Schnittlauch zum Garnieren
Apfelmus zum Servieren (siehe Seite 43)

1. Die Kartoffeln waschen, schälen, in 1 cm große, gleichmäßige Würfel schneiden und in einem sehr großen Topf mit Salzwasser etwa 8 Minuten kochen. Nach den 8 Minuten die Nudeln dazugeben und weitere 8 Minuten gemeinsam kochen lassen. In ein Sieb abgießen und zurück in den Topf geben.

2. Für die Röstzwiebeln die Zwiebeln schälen, in feine Ringe schneiden und in eine kleine Schüssel geben. Mit 1 guten Prise Salz würzen, mit dem Mehl bestäuben und gut vermischen. Überschüssiges Mehl abschütteln. Das Butterschmalz in einer Pfanne erhitzen und die Zwiebeln darin goldbraun braten (das braucht etwas Geduld).

3. Die Sahne in einem kleinen Topf erhitzen. Den Käse grob reiben, in der Sahne schmelzen lassen und die Käsesoße etwas einköcheln lassen. Mit Salz, Pfeffer und Muskatnuss kräftig abschmecken. Die Soße über die Kartoffeln und Nudeln gießen und vermengen.

4. Den Schnittlauch waschen, trocken schütteln und in feine Röllchen schneiden. Über die Magronen geben und mit den Röstzwiebeln und Apfelmus servieren.

ESSEN

Süßspeisen

American Pancakes

Ein Rezept, mit dem du deine Lieben nicht nur zum Frühstück glücklich machst. Sie sind fluffig, locker und schmecken so, wie original amerikanische Pancakes schmecken sollen.

Für ca. 14 Pancakes
25 Minuten

1 kleiner Topf oder kleine Schüssel, 2 große Schüsseln, 1 große Pfanne

- 50 g Butter
- 300 g Weizenmehl (Type 405, oder Dinkelmehl, Type 630)
- 70 g Zucker
- 2 TL Backpulver
- ½ TL Natron
- ¼ TL Salz
- 1 Pck. Bourbon-Vanillezucker
- 2 Eier (Größe M)
- 500 ml Buttermilch
- Butterschmalz oder neutrales Pflanzenöl
- Ahornsirup oder Puderzucker (nach Belieben)

1. Die Butter entweder in einem kleinen Topf auf dem Herd oder in einer Schüssel in der Mikrowelle schmelzen. Zum Abkühlen beiseitestellen.

2. In einer großen Schüssel mit einem Kochlöffel alle trockenen Zutaten vermengen: Mehl, Zucker, Backpulver, Natron, Salz und Vanillezucker. Ebenfalls beiseitestellen. In einer weiteren großen Schüssel alle feuchten Zutaten vermischen: Die Eier mit dem Schneebesen verquirlen, die Buttermilch hinzugeben und die beide Zutaten verquirlen, bis sie sich gut verbunden haben. Die geschmolzene, lauwarme Butter mit dem Kochlöffel unterrühren.

3. Die feuchten Zutaten zu den trockenen Zutaten gießen und mit dem Schneebesen maximal 20 Sekunden miteinander verrühren.

4. In einer großen Pfanne bei mittlerer Hitze 1–2 TL Butterschmalz oder Pflanzenöl erhitzen. Sobald es heiß ist, einen kleinen Schöpflöffel oder Eisportionierer (etwa 40–50 ml) oder ¼ Cup (etwa 60 ml) Teig in die heiße Pfanne geben. Nicht zu viele Portionen auf einmal backen, damit die Pancakes nicht ineinanderlaufen. Ein Pancake hat etwa 7–10 cm Durchmesser bzw. nach Belieben.

Tipp: Du solltest den Teig nicht »überrühren«, auch wenn er dir vielleicht zu dickflüssig erscheint, er wird sonst »zäh« und die Pancakes nicht fluffig.

5. Wenn die Ränder leicht trocken aussehen und sich kleine Bläschen auf dem Teig bilden (nach etwa 1–2 Minuten), die Pancakes wenden und weitere 2 Minuten braten. Für die nächsten Portionen wieder etwas Butterschmalz/Pflanzenöl in der Pfanne erhitzen. Zum Warmhalten bei etwa 80 °C Umluft in den Backofen stellen, bis alle Pancakes fertig sind. Ich serviere sie am liebsten, ganz amerikanisch, mit Ahornsirup und Puderzucker.

Omas Waffeln

Duftende, fluffige Waffeln sind für mich das Allerbeste, ob als Süßspeise oder zum Kaffee. Mein Teig ist flexibel, er eignet sich für dünne Herzwaffeln oder dicke belgische Waffeln, ganz wie du möchtest.

Für 12 Herzwaffeln
20 Minuten

1 große Schüssel,
1 Handrührgerät,
1 Waffeleisen

400 g Weizenmehl (Type 405, oder Dinkelmehl, Type 630)
1 Pck. Backpulver
1 Pck. Bourbon-Vanillezucker
180 g Zucker
300 ml Milch
80 ml neutrales Pflanzenöl (z. B. Raps- oder Sonnenblumenöl)
4 Eier (Größe M)
1 Prise Salz

1. Alle Zutaten in eine große Schüssel geben: Mehl, Backpulver, Vanillezucker, Zucker, Milch, Pflanzenöl, Eier und Salz. Mit dem Handrührgerät gut verrühren (maximal 30 Sekunden). Nun entweder gleich Waffeln backen oder den Teig mehrere Stunden im Kühlschrank aufbewahren.

2. Das Waffeleisen aufheizen und, falls nötig, mit einem Pinsel und etwas neutralem Pflanzenöl einfetten. In der Zeit kann der Waffelteig noch etwas ruhen. Pro Herzwaffel 1 Schöpflöffel (etwa 100 ml Inhalt) Waffelteig in die Mitte der Fläche geben, das Waffeleisen schließen und die Waffel backen. Nach Belieben im Backofen bei 60 °C warmhalten. (Bei Umluft trocknen die Waffeln aus.)

3. Die fertigen Waffeln nach Belieben ganz klassisch mit heißen Kirschen und frischer Sahne servieren. Sie schmecken auch kalt noch sehr lecker und bleiben lange weich und fluffig.

Tipp: Du kannst kalte Waffeln in einem Toaster oder im Backofen bei 60 °C wieder aufwärmen. Wenn du möchtest, die 80 ml Pflanzenöl durch 100 g zerlassene, maximal lauwarme Butter ersetzen.

Klassische Pfannkuchen

Ein leckeres und einfaches Pfannkuchenrezept darf auf keinen Fall fehlen. Weil kein Zucker im Teig ist, eignet es sich für einen herzhaften oder süßen Belag und ist somit unglaublich vielseitig.

Für 4 Portionen
25 Minuten

1 Schüssel,
1 Handrührgerät,
1 Pfanne klein oder groß

150 g Weizenmehl (Type 405, oder Dinkelmehl, Type 630)
1 Prise Salz
250 ml Milch
3 Eier (Größe M oder L)
1 EL Mineralwasser
etwas Pflanzenöl

1. Für den Teig zuerst das Mehl mit dem Salz und der Milch mit den Quirlen des Handrührgeräts gut verrühren. Idealerweise sind keine Klümpchen mehr zu sehen. Die Eier dazugeben und gut unterrühren.

2. Jetzt noch 1 EL kohlensäurehaltiges Mineralwasser unterheben und den Teig abgedeckt im Kühlschrank mindestens 10 Minuten ruhen lassen, gerne auch über Nacht.

3. Etwas Öl in der Pfanne erhitzen, die Pfannkuchen bei mittlerer Hitze durchstocken lassen und von beiden Seiten bräunen. Vor dem nächsten Pfannkuchen immer wieder etwas Öl in die Pfanne geben.

Tipp: Ich verwende auf eine 24-cm-Pfanne einen großen Schöpflöffel Teig mit ca. 100 ml Volumen.

Quark-Grieß-Auflauf mit Obst nach Wahl

Ein einfaches Rezept für eine leckere Süßspeise aus dem Ofen.
Passt wunderbar zum Frühstück, Mittagessen oder zum Nachmittagskaffee.

Für 4 Portionen
15 Minuten
30 Minuten backen

Auflaufform
(Ø 26 cm oder
30 × 20 cm),
1 Handrührgerät,
2 Schüsseln

Butter für die Form
4 Eier (Größe L)
1 Prise Salz
70 g Zucker
2 Pck. Bourbon-Vanillezucker
500 g Sahnequark
(40 % Fett, oder
Magerquark)
75 g Weichweizengrieß
1 Spritzer Zitronensaft
200 g frisches Obst
(nach Belieben und Saison)
3 EL Mandelblättchen
(nach Belieben)

1. Den Backofen rechtzeitig auf 180 °C (160 °C Umluft) vorheizen. Die Auflaufform mit Butter einfetten. Die Eier trennen und das Eiweiß mit 1 Prise Salz steif schlagen. In den Kühlschrank stellen.

2. Mit den Quirlen des Handrührgeräts die Eigelb mit dem Zucker und dem Vanillezucker schaumig rühren. Die Eigelb-Zucker-Masse mit dem Sahnequark, dem Weichweizengrieß und dem Zitronensaft zu einer cremigen Masse rühren.

3. Das Obst nach Bedarf waschen, trocken tupfen, putzen und klein schneiden. Vorsichtig unter die Eigelb-Quark-Masse heben. Den Eischnee kurz unter die cremige Quarkmasse heben. Nicht so viel rühren, damit der Eischnee stabil bleibt.

4. Die Quarkmasse gleichmäßig in der Auflaufform verteilen. Nach Belieben mit weiteren Obststücken oder einigen Mandelblättchen verzieren. Den Auflauf im vorgeheizten Ofen auf der zweiten Schiene von unten etwa 30–35 Minuten backen. Wenn er zu dunkel wird, einfach abdecken. Vor dem Servieren etwa 5 Minuten ruhen und abkühlen lassen. Nach Belieben mit einer Frucht-, Vanille- oder Schokoladensoße servieren.

Tipp: Du kannst auch tiefgekühltes Obst oder Obst aus der Dose/dem Glas verwenden. Tiefkühlobst ohne Auftauen hinzufügen, Obst aus dem Glas oder der Dose gut abtropfen lassen. Gut zu wissen: Bei TK-Beerenobst verfärbt sich meist die Masse!

FOR
YOU

Bananen-Pancakes

Du kennst das bestimmt zu gut: Irgendwann haben Bananen ein Reifestadium erreicht, das dir oder deinen Lieben nicht mehr zusagt. Eine leckere Resteverwertung dafür sind diese Pancakes.

Für 4 Portionen
20 Minuten

2 Schüsseln,
1 Handrührgerät,
1 große Pfanne

3 reife Bananen
1 Prise frisch geriebene Muskatnuss
1 Ei (Größe M)
80 g brauner oder weißer Zucker
1 Pck. Bourbon-Vanillezucker (oder 1 TL Vanilleextrakt)
½ TL Zimt
1 Prise Salz
200 g Weizenmehl (oder Dinkelmehl, Type 630)
1 EL Backpulver
150 ml Milch
1 EL Pflanzenöl (pro Pfannen-Charge)

Zum Servieren:
2 feste Bananen
Zimtzucker oder Puderzucker

1. Die Bananen schälen und am besten mit einer Gabel in einer Schüssel zerdrücken und mit der Muskatnuss würzen. In einer zweiten Schüssel mit einem Schneebesen das Ei mit dem Zucker, dem Vanillezucker, dem Zimt und dem Salz verquirlen.

2. Die Eiermischung in die Schüssel zu den zerdrückten Bananen gießen und mit den Quirlen des Handrührgeräts verrühren. Das Mehl mit dem Backpulver vermischen und das Mehlgemisch abwechselnd mit der Milch nach und nach unterheben.

3. In einer großen Pfanne pro Pfannkuchen-Charge 1 EL Öl auf mittlerer Stufe erhitzen. Etwas Teig mit einem kleinen Schöpflöffel oder Eisportionierer (etwa 25–40 ml) pro Pancake nebeneinander in die Pfanne geben. Etwa 1 Minute pro Seite ausbacken.

4. Die Bananen zum Servieren schälen und in Scheiben schneiden. Die Pancakes mit den Bananen und Zimtzucker nach Belieben servieren.

Tipp: Je reifer die Bananen sind, desto flüssiger wird der Teig. Einfach eine Weile im Kühlschrank ruhen lassen, dann quillt das Mehl etwas auf und der Teig wird dickflüssiger.

Rezeptregister A-Z

M

N

O

P

Q

R

S

T

W

Z

Zutatenregister A-Z

S

T

W

Z

ESSEN
IST
Christiane Emma Prolic
Emmi
KOCHT EINFACH
75 vegetarische Rezepte
SPIEGEL Bestseller-Autorin
Das 3. Buch zum erfolgreichen Blog
riva

Über die Autorin

Christiane Emma Prolic, genannt Emmi, gehört heute zu den Größten der deutschen Foodblogger-Szene. Ihre schnörkellosen Rezepte mit überschaubaren Zutaten begeistern bereits Millionen von Menschen. Mit ihren einfachen Rezeptideen möchte sie gestresste Eltern, Familien und Alleinerziehende unterstützen, die täglich aufs Neue den Alltagsspagat zwischen Beruf und Haushalt meistern müssen. Die gelernte Marketingmanagerin hat diesen selbst jahrelang zwischen Zeitnot und Familienküche durchlebt. Mittlerweile gehören auch Senioren, Alleinstehende sowie Studenten, also junge Menschen mit eigenem Herd fernab von Mamas Küche, zu ihrer Fangemeinde. Kurz: Alle, die sich das Kochen selbst beibringen müssen und wollen. Mit dem Kochen und Backen begann sie selbst schon als achtjähriges Mädchen am Rockzipfel ihrer Mama sowie mit Oma und Opa, die einen kleinen Bäckereibetrieb hatten und obendrein die Großfamilie versorgt haben. Die Autorin lebt in Köln, gemeinsam mit ihrem Sohn und ihrem Mann, mit dem sie den beliebten Foodblog *www.emmikochteinfach.de* betreibt.

Danksagung

Wo fange ich an, wo höre ich auf, Danke zu sagen?

Es gibt so viele Menschen, denen ich danken möchte, die mich auf dieser Emmi-kocht-einfach-Reise seit vielen Jahren begleiten oder kurz, aber unvergessen in mein Leben getreten sind.

Mit vielen habe ich leider viel zu selten Kontakt, aber ich weiß, sie sind nah an meinem Herzen. Ich fühle, ihr fiebert mit mir mit und wünscht mir nur das Beste für mich und meine Arbeit – auch für dieses Buch. Das erfüllt mich mit großer Dankbarkeit.

Meiner großartigen Community, in der alle das Herz am richtigen Fleck haben. Die mich bestärkt und immer wieder motiviert, mich auf das Abenteuer Buch einzulassen. Glaubt mir, für euch gehe ich gerne diese extra Meile, weil ich weiß, ihr schätzt meine Unterstützung für euren Kochalltag, immer und immer wieder.

Meinen Eltern, den Glanz in ihren Augen zu sehen, wenn ein Buch von mir erscheint, ist eine große Motivation für mich. Ich hab euch lieb, möchte euch stolz machen und flehe das Schicksal an, dass ihr noch lange an meiner Seite seid.

Marion, meiner rechten Hand, meiner besseren Hälfte, wie ich immer zu sagen pflege. Danke für deine unermüdliche Unterstützung, dein Engagement und die Inspiration, nicht nur bei der Arbeit an diesem Buch, dass du mir den Rücken freihältst und immer aufpasst, dass ich mit meinen Kräften haushalte.

Judith, dass du mir so eine gute Freundin bist, mit mir an einem Mädelsnachmittag deinen Kleiderschrank geplündert, mich beraten und mir Klamotten geliehen hast, damit ich auf den vielen Fotos gut angezogen bin.

Zu guter Letzt, meinen Jungs. Meinem Mann, der nicht nur der Mann an meiner Seite ist, sondern auch mein Kollege, mein Freund. Ich danke dir, dass du noch mehr auf deine To-do-Liste gepackt hast, damit ich dieses Buch auf die Beine stellen konnte. Meinem geliebten Teenager-Kind, glücklicherweise war es dir gerade recht, dass ich noch mehr Zeit in meine Arbeit steckte, weil dieses Buch mich gefordert hat. So hattest du schlichtweg mehr Ruhe vor mir und Zeit fürs Chillen … vergiss bitte niemals, du bist das Wichtigste in meinem Leben!

Danke euch allen – für alles!

Bibliografische Information der Deutschen Nationalbibliothek
Die Deutsche Nationalbibliothek verzeichnet diese Publikation in der Deutschen Nationalbibliografie. Detaillierte bibliografische Daten sind im Internet über https://dnb.de abrufbar.

Für Fragen und Anregungen
info@m-vg.de

Wichtiger Hinweis
Ausschließlich zum Zweck der besseren Lesbarkeit wurde auf eine genderspezifische Schreibweise sowie eine Mehrfachbezeichnung verzichtet. Alle personenbezogenen Bezeichnungen sind somit geschlechtsneutral zu verstehen.

Originalausgabe
5. Auflage 2026

Türkenstraße 89
80799 München
Tel.: 089 651285-0

Redaktion: Sarah Holzwarth
Umschlaggestaltung: Manuela Amode
Umschlagabbildungen: Vorderseite: Jo Kirchherr, Rückseite: Christiane Emma Prolic
Abbildungen S. 8, 10, 11, 12, 28, 50, 78, 98, 126, 148, 157, 170, 184, 188: Jo Kirchherr
Sonstige Abbildungen: Christiane Emma Prolic
Illustrationen: Mo Büdinger
Satz: inpunkt[w]o, Wilnsdorf (www.inpunktwo.de)
Druck: Balto Print UAB, Litauen
Printed in the EU

ISBN Print 978-3-7423-2698-0
ISBN E-Book (PDF) 978-3-7453-2456-3
ISBN E-Book (EPUB, Mobi) 978-3-7453-2457-0